11 マネジメント基本全集
The Basics of Management

経営管理 Management
マネジメント

モチベーションとチームマネジメント

根本 孝 編著

学文社

執筆者紹介 （執筆順，現職・執筆担当・主要著書）

根本　孝（ねもと　たかし）　明治大学経営学部教授　　第1・2・11・12章担当及び編者
『グローカル経営』（編著）同文舘，2004年
『グローバル・マネジャー』（編著）日経連，1990年
『魅力ある管理者』（共著）同文舘，1990年

上村　和申（かみむら　かずのぶ）　常磐大学人間科学部兼任講師　　第3・4・5章担当
「大学就職部の役割とその変化」『大学生の就職と採用』中央経済社，2004年
「大学生のキャリア形成に関する一考察」『政治学研究論集 第20号』明治大学大学院政治経済学研究科，2004年
「大学生の就職活動における両親の影響に関する一考察」『政治学研究論集 第21号』明治大学大学院政治経済学研究科，2005年

西本　直人（にともと　なおと）　明治大学経営学部専任講師　　第7・8章担当
『経営学を創り上げた思想』（第16章）文眞堂，2004年
『経営組織』（第4章）学文社，2003年
『スピルバーグ　宇宙と戦争の間』竹書房，2005年

田中　聖華（たなか　せいか）　明治大学経営学部兼任講師　　第8・9・10章
「女性総合職の手記に見る職業世界における人的資源管理の課題―女性のライフサイクルにおけるアイデンティティ形成の視点から―」『明治大学経営学研究論集 第6号』1997年
「見失われている感情―組織再構築への手がかり―」『明治大学経営学研究論集 第10号』1999年
「産業カウンセリングハンドブック』（分担執筆）産業カウンセリング学会編，金子書房，2章4節　人事・労務管理と産業カウンセリング，2000年

はしがき

　経営管理あるいはマネジメントは日常生活でも頻繁に登場する言葉である．それだけに多くの意味を含んでいる．企業のみならず病院，学校さらには部や課といった部門を「運営する」ことや，時には社長，部長といった経営や管理の職位や担当を意味する場合もある．実業界では「経営管理は計画・実施・評価のサイクルを回すこと」などともいわれている．いずれにせよ，経営管理は経営学，管理学の中心であり，その基礎原理を探求することにある．

　そこで本書ではマネジメントを「ミッション・戦略へ向けてヒト，モノ，カネ，ジョウホウという経営資源を統合すること」と定義して論を進めたい．それを広く解釈すれば経営戦略・経営計画や組織デザイン，組織文化，業績評価も経営管理あるいは経営資源の統合にとって重要な要素である．しかし本全集では，そうした要素は，それぞれの巻で論じられているので重複を避け，ここでは「統合する」なかでもその行動や過程・プロセスすなわち，経営管理のミクロの側面に焦点をあてて論じることにしたい．すなわちマネジメント・サイクルとマネジメント・メカニズム，リーダーシップとモチベーション，意思決定とパワー，チームマネジメントとコミュニケーション，そして学習と変革などである．したがって本書第11巻のタイトルは『経営管理（マネジメント）：モチベーションとチームマネジメント』としている．大学によっては「組織行動論」「行政管理論」として，ほぼ類似な領域が講義されているといえよう．

　そこで，第Ⅰ部「マネジメントとは」ではマネジメントの基本問題を検討する．まず関連する概念である経営，管理，統制などを整理し，マネジメントの裏側にある人間観，マネジメントの目標，マネジメント・サイクルといったマネジメントの基本問題を検討する（第1章）．そしてマネジメントを実践するツールを集中化・プログラム化・社会化に区分して検討し，その限界を克服するための補完的メカニズムや自己統制への方向を考察する（第2章）．

　第Ⅱ部「リーダーシップとモチベーション」ではマネジメントの中核となる

はしがき

リーダーシップの概念，その理論の発展と，現在求められている変革型リーダーシップを考察する（第3章）．そしてモチベーションの意味と主要理論を整理し，リーダーシップとの関連を考察しつつ，コーチング論への展開を検討する（第4章）．その上で具体的に企業の管理階層を明らかにし，経営者，管理者の役割とその変化を検討する（第5章）．

第Ⅲ部「意思決定とエンパワメント」では意思決定および認知とは何かを考察した上で，そのマネジメントのあり方を検討する（第6章）．そして管理活動をパワーの視点から検討し，パワーによるコントロール，パワーの源泉そしてエンパワメントの課題を考察する（第7章）．

第Ⅳ部「チームマネジメントとコミュニケーション」では場として集団の凝集性と陳腐化，集団思考の弊害を考察する（第8章）．そして職場規範の形成と活性化を検討し（第9章），その基盤としての職場コミュニケーションの基本とチームマネジメントの関連，課題を論じたい（第10章）．

第Ⅴ部「ラーニングと組織学習」では新たなマネジメントの重要な要素としてのラーニング（学習）について考察する．それはイノベーションの基盤であり，とくに知識社会におけるナレッジワーカーの特質とその学習の原理，知識とスキルの学習のあり方を検討したい（第11章）．その上で組織学習のプロセス，レベル，そして組織能力を検討し，知識創造，イノベーションを持続する組織としての学習する組織の構築への発展を議論したい（第12章）．

なお，本書の刊行をお引き受け頂き，きめ細かな編集校正を進めていただいた学文社の田中千津子社長をはじめスタッフの皆様に心から感謝申し上げます．

2006年初春

編著者　根本　孝

目次

第Ⅰ部　マネジメントとは

第1章　マネジメントと管理サイクル …………………………… 3
1. 経営と管理　3
2. マネジメントと人間モデル　5
3. マネジメントの目的　7
4. 維持マネジメントと変革マネジメント　12
5. 管理機能とマネジメントサイクル　14

第2章　マネジメント・ツール ………………………………… 20
1. 3つのマネジメント・ツール　20
2. 集中化（集権化・階層化・部門化，直接的統制）　21
3. プログラム化（標準化・公式化・形式化，官僚的統制）　23
4. 社会化（規範的統制）　28
5. 自己統制化と支援へ　31

第Ⅱ部　リーダーシップとモチベーション

第3章　リーダーシップ …………………………………………… 39
1. リーダーシップの概念　39
2. リーダーシップの行動理論　42
3. リーダーシップの条件適応理論　48
4. 変革型リーダーシップ　52

第4章　モチベーション ………………………………………… 58
1. モチベーションの意味　58
2. モチベーションの理論　60
3. コーチング　66

第5章 経営者と管理者 …………………………………… 74
1. マネジメントの階層と意思決定　74
2. マネジャー活動とその役割　77
3. マネジャーの職務　81
4. 新たなマネジャーの役割　84

第Ⅲ部　意思決定とエンパワメント

第6章 意思決定と認知 …………………………………… 91
1. 管理のプラス，マイナスイメージ　91
2. 直接的管理　92
3. 意思決定とは　95
4. 意思決定と管理組織　97
5. 認知　101

第7章 パワーとエンパワメント …………………………… 110
1. パワーと報酬の交換　110
2. 成文律と不文律によるコントロール　111
3. パワーの源泉　117
4. 権限受容説と関係性としてのパワー概念　120
5. エンパワメント　122

第Ⅳ部　チームマネジメントとコミュニケーション

第8章 集団と集団思考 …………………………………… 129
1. 「場」としての集団　129
2. フォーマル集団とインフォーマル集団　129
3. 集団の凝集性　131
4. 集団の陳腐化　135
5. 集団思考　138

第9章　職場規範と活性化 …………………………………………… 147

 1.　職場規範　147

 2.　職場規範の働き　150

 3.　マイナス指向の職場規範　151

 4.　職場の活性化　153

 5.　職場規範再考　158

第10章　コミュニケーション ………………………………………… 162

 1.　ホウ・レン・ソウ　162

 2.　コミュニケーションとは　163

 3.　職場のコミュニケーション　167

 4.　チームマネジメントにおけるコミュニケーション　171

 5.　現代的課題　174

第Ⅴ部　ラーニングと組織学習

第11章　ナレッジワーカーと学習 …………………………………… 181

 1.　知識社会とナレッジワーカー　181

 2.　知識とスキル　185

 3.　学習とは何か　188

 4.　アクション・リフレクション学習へ　191

第12章　組織学習 ……………………………………………………… 199

 1.　組織も学ぶ　199

 2.　学習の3つのレベルと組織能力　203

 3.　知識創造と学習する組織の再構築　206

索引 ……………………………………………………………………… 211

第 I 部
マネジメントとは

- 第 I 部 マネジメントとは
  - 第1章 マネジメントと管理サイクル
  - 第2章 マネジメント・ツール

- 経営管理（マネジメント）

- 第 II 部 リーダーシップとモチベーション
- 第 III 部 意思決定とエンパワメント
- 第 IV 部 チームマネジメントとコミュニケーション
- 第 V 部 ラーニングと組織学習

第1章の要約

　本章では，マネジメントの基本問題を検討することが中心的目的である．マネジメントは経営そして管理あるいは経営者や管理者を意味する幅広い意味をもった言葉である．さらには統制・コントロールあるいは調整・統合でもある．そこでこうした概念を整理しつつ，その背景にある人間の捉え方である人間観や人間モデルの変遷をたどる．さらにマネジメントの目的，実践的目標を考察する．最後に，「マネジメントはPDCAを回すこと」とよくいわれているが，マネジメントサイクルについて考察し，維持のマネジメントから変革のマネジメントへの重点変化についても検討する．

第1章　マネジメントと管理サイクル

1. 経営と管理

　ベーシックな用語，言葉として経営あるいは管理という言葉がある．それをまとめて経営管理と続け，一体として使われる場合もあり，経営管理論などは，その代表的のものである．

　経営とは，「継続的，計画的に事業を遂行すること．とくに会社・商業など経済的活動を運営すること．またそのための組織」と広辞苑には書かれている．すなわち経営は「運営する」という行動，過程・プロセスさらには機能の意味で使用されるのが一般的である．しかし「運営するための組織」というように，その実体，運営組織体を意味する場合もある．

　その中でも企業の組織としての存在，すなわち協働システムとしての人間集団である組織体の経営・管理がきわめて重視されており，伝統的に，「管理とは他の人びとを使って，物事を成し遂げること」という意味で，管理が使われる場合も少なくない．さらには経営者と管理者の区分のように企業組織体全体の経営を担う，ゼネラル・マネジャー，トップ・マネジメントすなわち役員，取締役以上を経営者，そしてその委託に基づく部門の統括責任者であるミドル・マネジメントや中間管理者である部長や課長を管理者とよび，さらに末端組織のリーダー，ロワー・マネジメントや係長・主任等を監督者とよぶ場合も少なくない．すなわち全社，全般的視点からの経営管理を経営とよび，部門の経営管理を管理・監督と区分する場合もある．

(1) マネジメントとコントロール

　経営や管理の用語に，類似な意味をもつ英語のマネジメント (management)，アドミニストレーション (administration) やコントロール (control) を加えると一層，それらの概念は複雑になる．大きくはどれも経営する，管理するという意味をもっている．

日本語の一般的な意味として，経営には，広く力を尽くし物事を営む意味もあるが，限定的には事業の継続的，計画的な遂行や経済的活動の運営とされている．また管理は管轄し，処理することであり，良い状態の維持，保存やその利用，改良も意味する．

　一方，マネジメントには，経営，管理から統御や操縦という意味と同時に，そうした経営や管理する集団さらには経営学の意味も含んでいる．したがって経営・管理を包括的に示す概念としてマネジメントが広く使われている．それに対してアドミニストレーションはマネジメントと同じ意味でも使われるが，限定的に行政組織や学校の行政，施政，あるいは行政官や管理者，政府や内閣（the をつけて），さらに当局，本部などの意味で使われる．経営学修士を意味する MBA は Master of Business Administration の略称でありアドミニストレーションが使われている．

　コントロールも管理の意味をもつが，限定的に他律的な支配，統制，監督，制御，制限という意味合いが強い．それに対し自律的な統制，制御はセルフをつけてセルフコントロールという表現がよく使用される．論者によっては階層別に経営者の役割がマネジメント（経営），管理者が担うのがアドミニストレーション（経営管理），監督者が担当するのがコントロール（業務管理，監督）といった区分もみられる．したがって論者や著書によってそれぞれの言葉は異なる意味で使用される場合が多いので注意して話しを聞いたり，書籍を読む必要がある．

　また管理は「管理教育」の言葉に象徴されるように，強制あるいは非自由，画一といったことと同義と解釈し，汚らわしい，濁った言葉，すなわちダーティー・ワードのイメージを強め，管理のかわりに，マネジメントを使用する場合もみられる．

　こうした多用な意味をもつ経営と管理であるが，本書では経営と管理は経営管理と同一なものとして，マネジメントすなわち「ビジョン・戦略へ向けてヒト，モノ，カネ，ジョウホウという経営資源を統合すること」と考えることに

しよう（野中，1980）．

2. マネジメントと人間モデル

　マネジメントが経営資源の統合と考えても，その中核的資源はヒトであることはいうまでもなかろう．したがって，マネジメントのあり方は，マネジメントする側のマネジャーが，ヒトをどのような存在であると考えるかによって大きく異なる．人間に対する不信感が強く，黙っていれば仕事を嫌がり，怠けるものと考えているとすれば，マネジャーは，従業員が仕事に熱心に取り組むように細かく指示命令し，厳しく監視し，行動を統制するマネジメント方式を採用することになるだろう．人間とは自ら律し，責任を進んで果たす者であるという人間観をもっていれば，マネジメントは従業員のセルフコントロールに任せることになろう．このようにマネジメントのあり方，方向の根底には人間観，あるいは人間モデルがあり，それに大きく影響されているのである．したがってマネジメントの変化・発展は人間観・人間モデルの変化発展でもある．

(1) 経済人モデル

　仕事が職人の経験的知識に基づいて「目分量方式」や，成り行きに任せる「成り行き管理」から脱皮し管理に関心が高まり，経営管理の父といわれるテイラーによる「科学的管理法」が提示されたのは20世紀初頭のことである．テイラーは標準作業の方法と時間を設定し，課業を科学的・客観的に定め，仕事量を上回った者には高賃金を，下回った者には低賃金を支払う「差別出来高給制度」等によって能率の向上と，労使関係の安定化を目指したのである．それは，人間は高い賃金の獲得を目標に統制にしたがって定められた作業に取り組むという経済的合理的な人間観が根底にある，経済的人間観とか合理的経済人モデルなどといわれている．

(2) 社会人モデルと自己実現人モデル

その後1920年代に入りメイヨー（Mayo, E.）やレスリスバーガー（Roethlisberger, F. J.）も参加した「ホーソン実験」が行われ，職場には感情に基づくインフォーマル集団が形成され，その集団の規範が作業能率に大きく影響することが明らかにされた．すなわち，人間は孤立した合理的経済人ではなく，集団を形成し，その集団の規範に影響される社会的人間であることが明確になり社会人モデルと名づけられてきたのである．それに対応する管理は人間の感情的側面や職場の人間関係を重視し，提案制度，苦情処理制度，態度調査やコミュニケーションを活発化する「人間関係論」が提唱され，導入されたのである．

1950年代に入ると人間の心理，欲求に関する研究が発展し，とくにマズロー（Maslow, A. H.）の「欲求5段階説」は大きな影響を与えた．そして人間は最終的な第5段階として「自己実現欲求」をもつことが明示され，いわゆる「自己実現人モデル」が提唱されたのである．

その影響を受けた心理学者マグレガー（MaGregor, D.）は，伝統的管理をX理論と名づけ，①人間は仕事が嫌いで，できれば仕事はしたくないと考えている，②そのため強制や統制，あるいは処罰や脅迫されなければ働かない，③人間は命令されるのを好み，責任を回避し，安全を望んでいることが前提にあるとしている．

しかし近代的管理はより人間性を重視した自己実現人モデルに基づく必要があると主張し，それをY理論と名づけたのである．それは，①人間は本来仕事が嫌いなのではなく，条件次第で，仕事は満足あるいは懲罰の源泉にもなる，②人間は自ら設定した目標には自らにムチうって働く，③目標達成への献身の度合いは，その報酬に左右される，④責任回避や，安全第一は人間本来の性質ではなく，条件次第で自ら責任をとろうとする，⑤問題解決能力や想像力や創造性は一部の人間のみならず多くの人間に備わっている，⑥しかし日常業務では従業員の一部の能力しか活用されていないというのである．した

がって管理者は，組織目標と個人目標の統合を図り，そして個人の自己統制が可能なように権限委譲し，職務拡大，そして成果配分が重要であると指摘している．すなわち，目標管理等の重要性が指摘されたのである．

(3) 複雑人モデル

1970年代にはいると，シャイン（Shein, E.H.）によって，人間はより複雑な存在であり，その複雑さを認めることの重要性が指摘され，「複雑人モデル」が提唱された．すなわち，① 人間の欲求は多くのカテゴリーに分かれ，発達段階や生活状況によって変化する，② 欲求と動機は相互作用し，結合して複雑な動機のパターンや価値観，行動目標を形成する，③ 組織の経験を通じて新たな動機を学ぶというように，欲求は経験との相互作用である，④ 組織の部署によって動機は異なる，⑤ メンバーの各種の動機に基づいて組織に寄与することは可能である，⑥ 個々人の動機，能力，仕事の特性によって管理戦略は異なる．

すなわち，「複雑人モデル」は，まさに人間は複雑であり，多様な存在であることを改めて指摘している．すなわち，個々人に目を向けた管理戦略が求められ，しかも一人ひとりも発達段階，経験，部門や職務，生活状況によって欲求や動機は変化する存在であることを認識することが重要である．

とくに今日では，経営の国際化に伴い国籍や文化の異なる多様な人材のマネジメントが求められてきている．国内においても年齢・世代やジェンダーさらには雇用形態の違いによる正規社員と非正規社員など立場や目標の異なる人材の統合が要請されてきており，多様性を前提とし，そのシナジー効果を高める多様性マネジメント（Diversity Management）が大きな課題となってきている．

3. マネジメントの目的

(1) 4つの側面

企業の目的・評価は，社会の求める価値を創造し提供しているかどうか，そ

のためにどれだけの資源を投入し，どれだけの成果を獲得したかである．すなわち，価値創造の有効性（目的とした成果の質と量）と効率性（成果〈out-put〉と，そのために使用した資源〈in-put〉の比率である生産性，すなわち，マイナスの効果も含めて効率的に成果を生み出しているかどうか）の両面があることも本シリーズ第1巻で検討してきた．

しかも今日のマネジメントでは，経営環境の不確実性が高まり，激変する中では，過去の延長のままでは環境に適応できず，価値を創造・提供することを継続することはできなくなってしまう．すなわちいかに環境変化を先取りし，学習し，変革するかが大きな課題になってきている．

したがって今日のマネジメントの具体的目的はこの2つの次元の組み合わせによって図表1－1のように4区分して考えることが必要になってきている．それは言い換えれば，長期・短期志向と外部・内部志向による区分と考えることもできる．しかし4者は相互関係であり，強く連動していることも見逃せない．

図表1－1　マネジメント目標の4側面

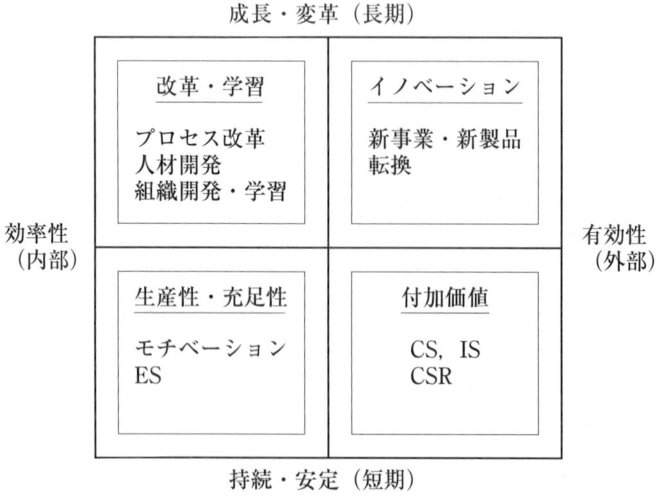

成長・変革（長期）

改革・学習	イノベーション
プロセス改革 人材開発 組織開発・学習	新事業・新製品 転換
生産性・充足性	付加価値
モチベーション ES	CS, IS CSR

効率性（内部）　　　　　　　　　　　　有効性（外部）

持続・安定（短期）

もっとも基本的な目的は図表1-1の右下の領域であり，持続安定的に外部に価値を提供することであり，それは期待される持続的な製品やサービスの創造・提供である．より厳密にいえば，ここではマネジメント全体，すなわち図表1-1の4つの領域全体の目的が価値創造であるので，右下の領域は狭義の価値創造，すなわち付加価値の創造とよぼう．付加価値は生産された製品・サービスから部品や材料など外部から購入した価値を除いた，新たに付加された価値である．まさにその企業が独自に生み出し，付加した価値である．付加価値額は，売上高からいわゆる外部支払額を差し引いてもとめたり，逆に利益に人件費，減価償却費，税金，配当金を加えて算出される．こうした企業，個人の付加価値額を日本全体で合計したものが国民総生産（GNP）ということになる．一言でいえば企業組織が新たに生み出した，製品・サービスである．この付加価値の持続・安定的供給によって顧客満足（CS：Customer Satisfaction）の獲得を目指し，企業の社会的責任（CSR：Corporate Social Responsibility）を果たすことが可能となる．その結果としてさらに，配当，株価の上昇など，株主満足（IS：Investor Satisfaction）の向上が図られるのである．

　第2は，右上のイノベーションである．「経営とは永久革命である」と断言する経営者もいるが，激変する環境の中で，常に製品・サービスを変革し新事業・新製品・新サービスを創造・提供することが期待される．さらには新たなビジネス方法への転換などビジネス・モデルの創造を図ることが重要となる．

　第3は，左下の持続安定的に内部の効率性の向上を目指す目的である．できるだけ少ない資源投入で，付加価値を安定的に可能とする生産性の持続である．企業には高い生産性で付加価値を社会に提供することが求められる．それは企業で働く従業員の高いモチベーションによって支えられている．そのためには安定的な高賃金や働きやすい職場・人間関係，仕事の働き甲斐などの提供により従業員満足（ES：Employee Satisfaction）を維持・向上することが求められる．

　第4は，左上の目標である改革・学習である．激化する品質・コスト競争の中で常にビジネス・プロセスの改善・改革が求められる．それを支えているの

は従業員の学習であり，集団・組織の開発学習である．従業員自身も自らのキャリア・デザインのもとに成長・能力開発を望んでいる．長期的な成長，有効性を獲得するには，こうした具体的目的の達成が求められる．

(2) 実践的目標の基盤：QCD

マネジメントの実践的目標として製造業において原点とされているのがQCDである．すなわち，Q（Quarity：品質），C（Cost：価格）そしてD（delivery：納期）である．それは言い換えれば，利害関係者の中核である顧客価値の追求，実現としてのマネジメントの具体的目標に他ならない．

そのQCDは時には二律背反の関係になるので，その一体的なマネジメントこそ課題なのである．すなわち「品質はよいが価格が高い」とか「納期は早いが品質が劣る」といったように「あちらを立てればこちらがたたず」の関係になりがちで，その相互関係を見際めた上での目標設定，そして一体的なマネジメントが求められる．

品質は文字通り製品あるいはサービスの質であるが，それには欠陥のないあるいは少ない，すなわちバラツキのない安定した品質を意味する場合と，要求水準との比較を意味し，その達成度の高いものが高品質といわれる．しかし日本では，品質の概念は製品・サービスに限定されず，従業員や管理者の質，職場の人間関係，部門間や下請け企業との相互関係の質も問題としており，品質が従業員の意欲を高め，コストとも相反せず「良くて安い」ことを意味する幅広い概念としてとらえている．

したがって品質は設計や検査で決まるのではなく，研究開発から生産，販売，アフターサービスまでの全活動で造り込まれると考えられている．すなわち，設計者は設計品質を，生産者は生産品質を追求し，営業部門は販売品質，アフターサービス部門は顧客の認知品質と要求品質の合致を目指し顧客満足を達成することである．すなわち，日本の品質管理は統計的な検査による管理ではなく，QCサークル（「同じ職場内で品質管理活動を自主的に行う小グループで

全社的品質管理活動の一環として自己啓発，相互啓発を行い，QC手法を活用して職場の管理，改善を継続的に全員参加で行う」(QCサークル本部，1976)によって行われ，全社的品質管理運動，TQC (Total Quality Control)が展開されてきている．

このTQCのCはコントロールであり統制，制御という意味を感じさせることから，推進団体の日本科学技術者連盟は1996年にTQM (Total Quality Management)と変更し，総合的品質管理，すなわち顧客の満足する品質をめざし全社組織を効果的，効率的に運営する活動として，展開されてきている．

第2はコストであり，原価管理活動が行われる．とくに原価の中でも製造原価に重点が置かれ，原材料，労務費，経費といった種類別，予定原価，実際原価，直接原価，標準原価といった管理目的別，あるいは固定費・変動費といった区分で管理が行われ，重点費目に焦点を当てて，コスト維持とコストダウンすなわち原価低減活動が実施される．

コスト削減の基本はムダ，ムリ，ムラの3Mの排除にある．ムダは付加価値を生まない要素，活動の排除である．トヨタでは，① 作りすぎのムダ（必要以上に生産するムダ），② 手待ちのムダ（無作業状態のムダ），③ 運搬のムダ（価値を産まない運搬作業のムダ），④ 加工そのもののムダ（必要のない加工作業のムダ），⑤ 在庫のムダ（在庫費のムダ），⑥ 動作のムダ（不必要な動作のムダ），⑦ 不良をつくるムダ（不良品をつくるムダ，その発生時に対策），⑧ 社員が工夫しないムダの8項目を重視している．それがまさにトヨタの改善（カイゼン）の原点である．

ムリとは人や設備に負荷をかけることで，それは事故や設備不良に結びくので，排除することである．そして，ムラは一様ではなくバラツキが生じ欠陥品，不良品を生じコストアップにつながる．コストダウンにはムラを排除し平準化することが必要である．

第3の，納期管理は部品や材料のフローを適切に管理し，納期どおりにタイミングよく必要量を納品し，在庫を適切に管理することを意味する．

トヨタのJIT（Just In Time）は必要なモノを，必要な時に，必要なだけ納めることであり，それは納期に遅れるだけでなく，早すぎることも在庫を増やすことになり，まさに時間どおりの納品を目標とするのでありカンバン方式ともよばれている．それは販売店の納品から各工程間さらには，部品メーカーも含む顧客への納品，部品調達までの全プロセスにわたるものである．

納期管理は具体的には，R&Dの完成時期，設計を完了し図面の納期，部品調達の納期，生産の各工程ごとの納期，製品の入庫の納期，顧客への製品納期，支払い納期などである（森，1983）．

こうしたQCDの重点は事業・製品特性や企業戦略によって異なるが，時代によっても顧客ニーズの変化に対応する必要がある．戦後の日本においてはコストから品質，そして納期競争へとその重点が変化してきているといえよう．

またサービス業ではQCDに代わり，QSCすなわちQ（Quality：品質），S（Service：サービス），C（Cleanliness）を目標にしている企業も少なくない．すなわち顧客に満足される品質，行き届いたサービス，それに衛生的で清潔な環境が重視されている．また企業によっては品質に代えてV（Value：価値）を目標に置き換え，顧客の求める価値の提供としている企業もある．

4. 維持マネジメントと変革マネジメント

(1) 変革の重視へ

管理は目標達成に向けて計画し，実行し，評価・対応することであり，定められた目標を達成，維持することと言い換えることもできる．すなわち，計画したことが，誤りなく規準どおりに処理・実行されるよう調整・統制することであり，俗に「決められたことが，決められたとおりに行われるようにすること」である．計画されたとおりの仕事，活動は関係者の第1の期待であり，その実行こそ「しっかりした担当者」「確実な仕事」「信頼できる組織」さらには「効率的な経営」という評価を獲得する原点である．その実現は一般に「維持のマネジメント」とよばれている．

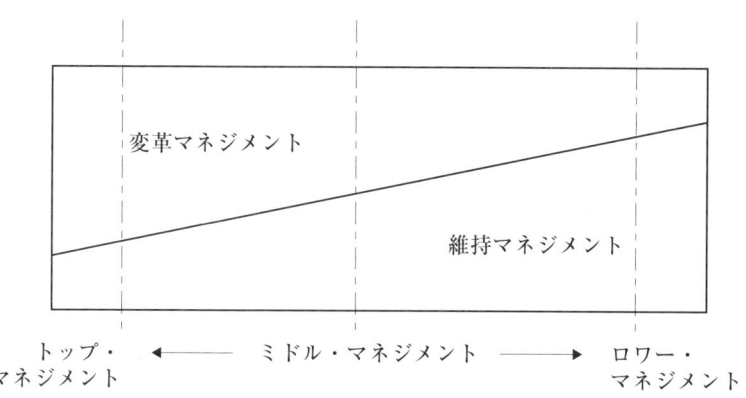

図表1－2　マネジメントの2つの側面

	維持マネジメント	変革マネジメント
目　　的	計画どおりの実行	問題発見による変革
プラン（計画）	目標・予算	ビジョン・戦略
ドウ（組織づくり）	分業・専門化 コントロール	連携・共創 エンパワメント
シー（評価基準）	効率性・量的拡大	創造性・人材育成

　しかし顧客のニーズが複雑化し，変化し，また競争の激化，あるいは IT の発展など技術革新の進展は，さまざまな側面でミスマッチや仕事成果の低下をもたらす．すなわち新たな対応行動，仕事，組織の変革を要求することになる．そうした中で新たなビジョンや戦略を構築し，それに向かって変革をスピーディに実現していくマネジメントすなわち「変革マネジメント」が必要となる (Boyett, J. H. and J. T. Boyett, 1999) この点の詳細は第3章で検討している．

　以上のようにマネジメントには2つの側面があり，その両立，バランスが求められている．

　しかも一般的組織においては「組織のグレシャムの法則」があるといわれている．すなわち，グレシャムの法則「悪貨は良貨を駆逐する」と同様に，組織においては「日常業務が変革業務を駆逐する」といわれる．マネジメントにおいても維持マネジメントが中心となり，変革マネジメントが脇に追いやられて

しまうのである．

(2) マネジャーからリーダーへ

　経営環境の激変が生じている今日においては，とくに変革マネジメントが強く求められ，それを担う管理や，マネジャーは「リーダー」ともよばれ，維持マネジメント中心の管理者は「マネジャー」とよばれ，「マネジャーからリーダーへ」の変身を強調する論者も少なくない．経営環境の変化の激しい業界，企業，そして係長より課長，課長よりも部長というように上位管理者ほどリーダーへの変身，すなわち，変革マネジメントのウェイトが重視されるのである．

5. 管理機能とマネジメントサイクル

(1) PDCA サイクル

　管理における機能・職能については古くから多くの内容・要素が指摘されてきている．管理5機能として計画，組織化，指令，調整，統制をあげる論者は少なくない．一般的には図表1－3のように予測，予算なども含む，計画づくり，そして仕事の分業，協業の仕組みとしての組織やシステムづくりや人員配置としての組織化，組織や仕事へのコミットメントを高めるための動機づけ，指示・伝達・支援・指導，そして役割の遂行などの行動，そして行動結果の統制などの評価，その結果の調整・改善などの対応行動とイノベーションなどである．それらは大きく Plan（計画）Do（実行）See（評価）に統合され，さらに矢印のような循環プロセスをもっている．このプロセスはマネジメント・サイクル（PDS サイクル）とよばれている．また評価のプロセスを Check（評価）と Action（対応行動）に2分して PDCA サイクルともよばれている．このマネジメント・サイクルに着目して「管理とはマネジメント・サイクルを回すことである」などともいわれるのである．

　すなわち，マネジメントは，戦略に基づいて計画を立案し，その実行のために業務を配分し，分担そして協業のための仕組み，ルール，システムを構築し，

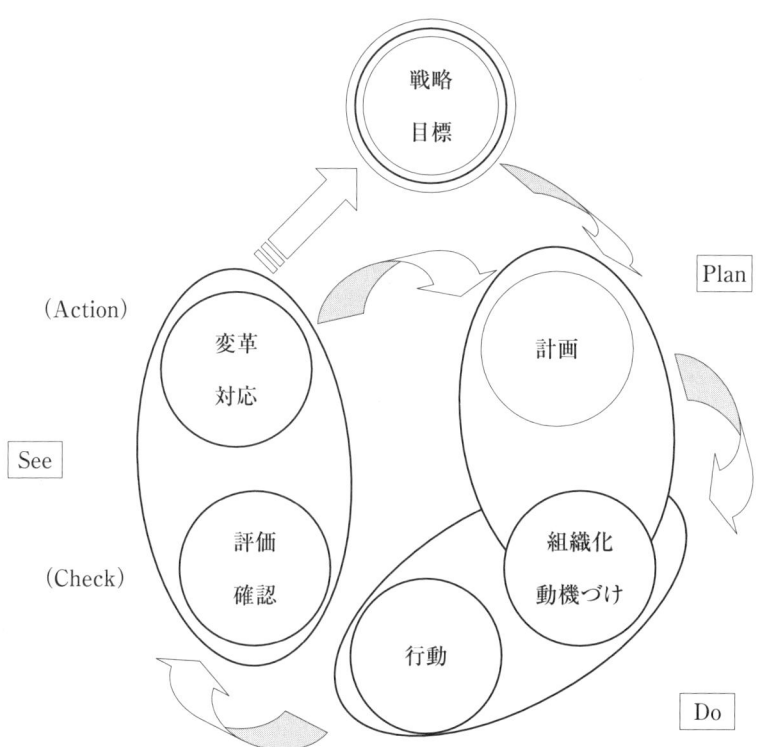

図表1-3　マネジメント・サイクル

人材を配置する，すなわち組織化を進める．さらに仕事に従事する従業員の仕事への意欲，コミットメントを高める方策を講じながら業務を遂行，実行する．その実行過程を観察・評価し，計画とずれが生じていれば，行動の修正，調整の対応を行う．そうした対応の成果は次の計画に反映され，次のマネジメント・サイクルへと連結されていく．しかし経営環境の変化や，大幅な成果の未達成などの問題発見は，大きな変革，イノベーションが求められ，戦略そのものの転換が要請され，したがって新戦略を実行する新たな計画の立案が必要となり，外側のサイクルへのスイッチが重要となる．

第1章　マネジメントと管理サイクル

（2）目標の前提となる戦略・ビジョン・理念

　経営戦略に連動する目標はビジネスの実践では前述のように経営戦略が背後にあり，それが部門目標，さらに課別目標にブレークダウンされ，さらに個人目標に細分化される．

　また経営戦略の基盤には企業のビジョンや，企業が目指し，重視する価値として企業理念があることを忘れてはならない．経営理念は目指すべき価値であり原理，原則である．行動規範などを含み，社是・社訓あるいは指導原理などともよばれている．最近ではビジョンをミッション（mission：使命）とよぶ企業もあるが，ここでは使命も含めて，一般的につかわれているビジョンを使用することにする．

　組織にとってビジョン（未来像，将来方向）の重要性は繰り返す必要はなかろう．学習する組織についても論者の多くがビジョンの構築・浸透・共有とその力点に若干の差はみられるものの，きわめて重視している．それは組織の変

図表１－４　経営戦略・ビジョン，企業理念

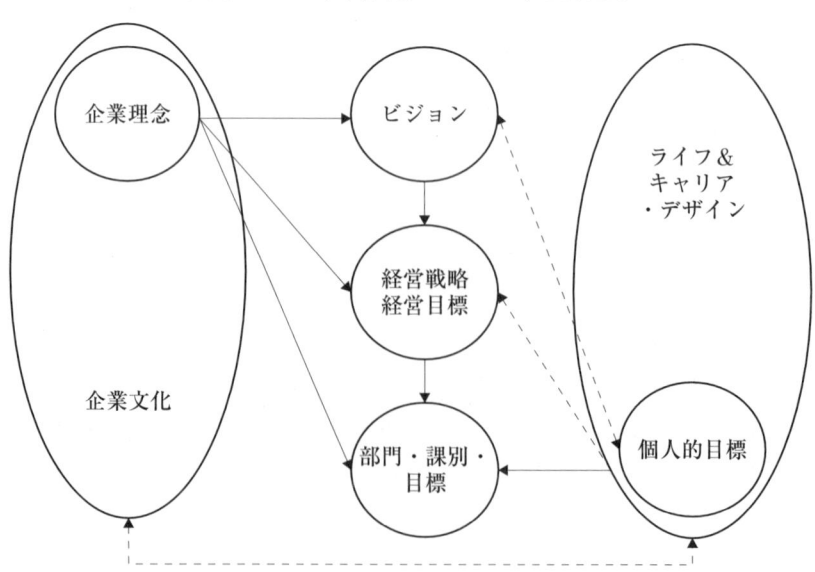

革の方向を示し，組織メンバーをその方向へ誘導し，向上心やメンバーの行動の統合を導くからに他ならない（Kotter, 1996）．したがって，ビジョンが具備しなければならない条件は，将来方向の明示性，実現への期待性，多様なメンバー個々人のビジョンとの結合が可能な冗長性，そしてコミュニケーションの容易性，眼に見えやすさ（Kotter, 1996）などがある．

一般的にはビジョン形成はトップダウン型かボトムアップ型に区分されるが，経営トップ層であれ，部門管理者層であれ，ビジョンはまず個人によって直感され，構想され，提示される．それが日常の対話やミーティングを通じて共有され，徐々に共有化の範囲は拡大し，一定時点で部門のビジョン，全社のビジョンとして公式化，制度化されるというプロセスをたどる．

したがって図表1-4のようにビジョン，経営戦略・目標も何らかの形でメンバーの個人的目標と連結・融合したものでなければならない．それが共有の意味するところであり，それがなければ組織のメンバーは積極的なコミットメント，仕事への意欲を高めることはできないのである．

ビジネス界で頻繁に使われる「落とし込み」という言葉がある．それは経営理念やビジョンが経営戦略に連動し，さらに部門目標，課別目標，そして個人目標に落とし込まれるというのである．「落とし込み」は，単純なトップダウンのみではなく，部門や課さらには個人の夢やロマン，願望や期待がボトムアップされ，融合され，下位目標が上位目標に連結・連動されることを意味する．言い換えればその目標へ個々の部門，メンバーが高いコミットメントをもって，共有化され，全体として連動，体系化されることの重要性をあらわしている．

演・習・問・題

問1　マネジメントは何かを簡潔に要約しよう．
問2　管理サイクルについて解説しなさい．
問3　現在マネジャーからリーダーへの転換が主張されているが，その意味は何か．

参考文献

Boyett, J. H. and J. T. Boyett（1998）*The Guru Guide：The Best Ideas of the Top Management,* John Wiley & Son Inc.（大川修二訳『経営革命大王』日本経済新聞社，1999 年）

Kotter, J. P.（1996）*Leading Change,* Harvard Business School Press.（梅津裕良訳『企業変革力』日経 BP 社，2002 年）

Schein, E. H.（1980）*Organizational psychology,* 3rd ed., Englewood Cliffs, Prentice-Hall.（松井康夫訳『組織心理学』岩波書店，1981 年）

藤芳誠一編（1990）『経営管理学事典』泉文堂

QC サークル本部編（1976）『QC サークル綱領』日本科学技術者連盟

森秀太郎（1983）『TQC の知識』日本経済新聞社

野中郁次郎（1980）『経営管理』日本経済新聞社

根本孝（1994）『新時代の管理者』日本経営協会

《推薦図書》

1. Drucker, P. F.（1993）*Management：Tasks Responsibilities, Practices,* Harper & Row.（上田惇生訳『マネジメント：基本と原則・エッセンシャル版』ダイヤモンド社，2001 年）
   ドラッカーによるマネジメントの基本についての本質を追究した書，1400 ページを超える大著の凝縮版。
2. 金井壽宏（1993）『ニューウェーブマネジメント』創元社
   マネジメントを原点から幅広くわかりやすく検討し，マネジメントの本質を問いかける書。
3. 遠藤功（2005）『企業経営入門』日本経済新聞社
   企業経営をわかりやすく解説した入門テキスト。
4. 生方幸夫（2004）『会社のしくみが一目でわかる本』三笠書房
   会社のマネジメントの基本課題の入門的解説書。
5. 高梨智弘（1995）『ビジュアル・マネジメントの基本』日本経済新聞社
   マネジメントの基本をビジュアルに紹介した入門書。

第2章の要約

　本章ではマネジメントを具体的に実践するためのツールやメカニズムについて考察する．それを集中化（直接的統制），プログラム化（官僚的統制），社会化（規範的統制）に3区分して検討する．なかでも今日，注目されている形式化（見える化，言語化）に焦点をあわせたい．しかし，それらの過剰な導入・活用は過剰管理を招き，さまざまな弊害をもたらし，ついにはマネジメント不能に陥ることもある．そこで3つのツールの補完的メカニズムとしての水平化，信頼化，多様化を考察する．さらにそうしたマネジメント・ツールと経営伝統との関連，さらには自己統制（セルフ・マネジメント）と支援の新たな方向への動向も取り上げる．

第2章 マネジメント・ツール

1. 3つのマネジメント・ツール

　マネジメントをどのように実践するか，すなわちどのような制度を構築するか，どのような手法，ツールを開発・活用するかは，経営者や管理者の最大関心事であり，永遠の課題である．永遠の課題であるのは，第1に，経営環境が激変し，経営戦略や目標が変化する状況の中で，それに適合するマネジメント・ツールを開発・選択し続けることが求められるからである．第2には，経営成果の良否によりマネジメント・ツールの変革が必要なことである．さらに第3は，企業の従業員の学歴・年齢構成，経済水準やライフスタイルも変化しており，それが欲求や動機，期待を多様化させ，また変化させてきており，それに適合するマネジメント・ツールの開発が要請されるからである．さらにはITの発展にみられるように技術革新は仕事の質量を変化させ，コミュニケーションやチームワークのあり方にも大きな影響を与え，それに応じたマネジメント・ツールが必要となっているからである．さらにはマネジメント・メカニズムそのものが世界の企業やコンサルティング・ファーム等で新たに開発されてきている，そうした新手法の活用，導入が競争上の課題にもなってきているからである．しかしそうした新たなツールの導入には業種や企業文化に適合した手法の選択，改革が必要であり，独自の選択，修正が求められているのである．

　そこでここでは具体的なマネジメント手法である，たとえば昨今話題になっている能力評価・育成制度である，コンピテンシー・マネジメント・システム，あるい流通・ロジスティック制度であるSCM（Supply Chain Management）といった具体的なマネジメント・メカニズムや手法を取り上げるのではなく，そうした制度や手法の根底にあるマネジメント・メカニズムあるいはメカニズムの原理を考えることにしたい．それは経営学の歴史の中で多くの研究者により議論され，提起されてきた調整とか調整メカニズム，あるいは統合の原理，コ

ントロール形態などとよばれてきたものである．ここではそれぞれの論者にさかのぼっては検討せず，マネジメント・ツールを集中化，プログラム化，社会化の3つに区分して整理を試みることにしたい（諸上・根本，1996）．

しかしどのマネジメント・メカニズムあるいはツールも長所の半面，短所もある．その過剰な活用・強化は弊害を招くことも認識しなければならない．そこで欠点や弊害を縮減するための補完的なメカニズムを考慮することが必要となる．3つのマネジメント・メカニズムも補完的メカニズムとして水平化，信頼化，多様化が重要であることも検討しよう．

図表2-1 3つのマネジメント・ツールと補完ツール

1	集中化 （集権化・階層化・部門化， 　直接的統制） 補完メカニズムとしての水平化	集権化・階層化（指示・命令，報告，監視・統制，例外処理）部門化 資源の集中化（経営資源の集中保有）
2	プログラム化 （標準化・公式化・形式化， 　官僚的統制） 補完メカニズムとしての信頼化	3S（簡素化，標準化，専門化） 計画化（目標設定，手順化），公式化（制度化，ルール化，マニュアル化） 形式化（見える化，言語化）
3	社会化 （規範的統制） 補完メカニズムとしての多様化	場づくり（チャネルづくり，チームづくり） 企業文化づくり（行動規範，集団規範，組織文化）

2. 集中化（集権化・階層化・部門化，直接的統制）

経営資源や意思決定権限を特定個人や組織に集中化・集権化し，その指示・命令あるいは報告によってマネジメントする方法である．直接コミュニケーションできる人数の限界があるため，組織規模が拡大すれば下位の組織に分割されグループ化，部門分化がなされ，その結果として階層化が進められる．権限をもつ管理者が意思決定をし，直接的に指示命令したり，報告を受けるので直接的統制とよばれ，それが規模の拡大とともに階層化が進むので階層化によるマネジメントともよばれる．

大規模組織は階層が幾層にも重なる背の高い組織，すなわちピラミッド

(pyramid) 組織とよぶ．また「ワンマン経営」などとよくいわれるが，これはひとりの社長に権限が集中し，すべての事項がひとりの社長によって決定し，指示命令することを意味する．

　階層化は指示命令のみならず，その実行を監視・統制するメカニズムでもある．そして標準化された業務処理の例外処理の必要性から生ずるものとしてとらえることもできる．そして監視・統制が可能な範囲（人数）そして例外処理の量や質によって管理者の部下の量と質が決められ，部門分化が行われるのである．

(1) 補完メカニズムとしての水平化メカニズム（場のマネジメント）

　階層化は部門分化を伴い，それぞれ自部門の利益を中心にした認識・行動を強め部門中心主義，すなわちセクショナリズム（sectionalism）を発生させることになる．

　それを超えるメカニズムとして縦型階層組織に横串を通す，水平組織，水平メカニズムが開発されてきた．委員会，プロダクト・マネジャー，プロジェクトチームがその代表的存在である．今日では日産のゴーン社長が活用した「クロス・ファンクショナル・チーム」の名称が頻繁に使われている．セクショナリズムを打破するために，機能部門を超えた全社的な視点から現状を分析し，改革案を考え，実行する発想と実現が期待されているのがクロス・ファンクショナル・チームに他ならない．

　またITの活用により組織のコミュニケーション力が高まり，中抜き，すなわち管理階層の縮小，具体的には課長制廃止や次長制廃止も進められ，階層的ピラミッド組織の縮減が進められてきている．それを一般的には組織のフラット（Flat：水平）化とよび，その典型的な組織は，紙を押さえる文鎮のように平板で握りの部分のみが高く若干の階層がみられる文鎮型組織とよばれている．

　さらに多くの企業で「さんづけ運動」が進められてきているが，これも階層的地位重視の企業文化の改革を目指した運動といえよう．単なる呼称の変革だ

けではなく，階層の権限に基づく階層的発言や，自由な発言発想を妨害する状況の打破を狙っている．

90年以降，「場のマネジメント」が注目されているが，それはまさに階層化によるマネジメントに対する新たなパラダイムであるともいわれている（伊丹, 2005）．すなわち情報的，心理的な相互作用を促進するための枠組みとしての場づくり・場の活性が重要なマネジメントツールというものである．それは，ここで水平化のメカニズムと類似したコンセプトといえよう．

集中化，階層化に対する補完メカニズムとしての水平化メカニズムは，環境変化に俊敏（agile）かつ柔軟に対応・変革するために，ますます重要性を高めてきているといえよう．

3. プログラム化（標準化・公式化・形式化，官僚的統制）

プログラムは一般に計画や手順を意味するが，ここでは標準化や公式化さらには形式化も含む広い意味を含むものとして使用している．プログラム化の基本は標準化である．作業や業務活動の手順やルールの共通的な標準を設定することであり，それによってルーチン（routine：決まった仕事，日常的仕事）化される．それを文書化し組織として正式に認めて（authorize）公式化すれば，組織の規定，マニュアル，制度となり，調整，マネジメントのメカニズムとなる．ここでは標準化，公式化あるいは総括してプログラム化とよぶが，一般的には官僚制の主要な特徴でもあるところから官僚的統制ともよばれる．

こうした標準化は伝統的に効率化の原則として3S，あるいはまたムダ排除の原則あるいは品質管理の原点として5Sが提示されている．3Sは簡素化（Simplification），標準化（Standardization），そして専門化（Specialization）を意味する．複雑な手順，仕組みをいかに簡素にするか，そして，いかに例外を除いて標準化するかである．そして類似の業務は集約し，それを専門に担当するものに分担することが，安定的・持続的に業務を遂行し，促進するための基本的原則である．

一方の5Sとは，Seiri（整理），Seiton（整頓），Seiketsu（清潔），Seiso（清掃），Shitsuke（躾）の頭文字である．すなわち，要るものと要らないものを区分し，要らないものを排除する整理，必要なものを簡単に取り出せるようにする整頓，ゴミを除き常にきれいに保持する清潔，そしてそれを保つ清掃，常に実行できるように習慣化する躾である．海外に進出した日本企業の工場は，現場にこの原則の徹底を図る5S運動を活発に展開してきている．

(1) 形式化，そして「見える化」

現在，非常に注目されているのが形式化である．それは暗黙知（目に見えない知識，ノウハウ）や見えざる資産（Invisible Asset）の重要性が主張され，それらを，目に見える知としての形式知化や可視化によるマネジメントが関心を集めている．すなわち，形式化は大きく視覚化と言語化に区分できよう．視覚化は「見える化」することである．図解表現したり，視覚に訴えることで注目，注意を集め，意識を焦点化することが可能となる．それによって情報・問題の共有化が行われ，さらに対策の立案なども容易に考えられるようになる．

「見える化」は文字通りみえるようにすることであり，みせることである．企業経営のあらゆる事象をみえるようにすることで問題を明確化し，管理，改善を容易にしようとする考え方であり，また方法・ツールである．「可視化」，「目でみる管理」などともよばれているが，「見える化」によるマネジメントを徹底的に追求しているのはトヨタである．

見える化は漢字に当てはめて4つに区分されている．

①見える化（必要な情報・事実・数値を「目に飛び込んでくるように」見えるようにする，②視える化（事実や数字を分析し，本質，真因を視えるようにする），③診える化（細部を診えるようにする），④観える（全体を俯瞰して観えるようにする）（遠藤，2005）．

そして「見える化」の対象によって具体的には以下のような見える化が行われている．

図表２−２　対象別の見える化の事例

対象分類	対象項目
問題	異常の見える化
	ギャップの見える化
	シグナルの観える化
	真因の見える化
	効果の見える化
状況	基準の見える化
	ステータスの見える化
顧客	顧客の声の見える化
	顧客にとっての見える化（配送状況など）
知恵	ヒントの見える化
	経験・スキルの見える化
経営	経営の見える化（業績，原価など）

出所）遠藤功（2005：73）一部加筆

　トヨタにおける「見える化」によるマネジメントの代表が生産現場で天井から下げられている電光掲示板すなわちアンドンである．このアンドンによって作業者も監督者もラインの状況の見える化を図ったのである．監督者を呼び出すことを見える化する黄ランプの「呼出アンドン」，不良発生や異常を見える化する赤ランプの「異常アンドン」が活用されている．その他，稼動状況を見える化した「稼動アンドン」，計画と完成数量を見える化した「出来高管理表」などが有名である．

　もう一方の言語化は，「概念化」であり，また「社内語化」である．とくに管理者の重要なスキルとして概念化能力（Conceptual Skill）があげられてきた．混沌とした状況や目指す方向の本質を思考し，言語化して明確に表現する能力である．その概念あるいはキャッチフレーズで従業員が共通理解し，納得し，さらには共同行動を促進したり，エネルギーを沸き立たせるような概念化はマネジメント・ツールとして重要となってきている．

　もうひとつの社内語化はその言語によって独自の意味や行動，思いを共有化し，行動のベクトル合わせが可能な社内用語を共有化することは有力なマネジメント・ツールである．それらは社内用語集，社内語録として蓄積され社員の

第2章 マネジメント・ツール

行動を共通化するばかりでなく，社員の価値共有や企業文化構築の強力なツールともいえよう．すなわち，後述する社会化（p.28）メカニズムと連結するのである．

図表2－3は，トヨタとホンダ社内で良く使用される社内用語を整理したものである．そこには明確に，トヨタとホンダの特徴が浮き彫りにされているように思われる．

図表2－3 トヨタ語とホンダ語

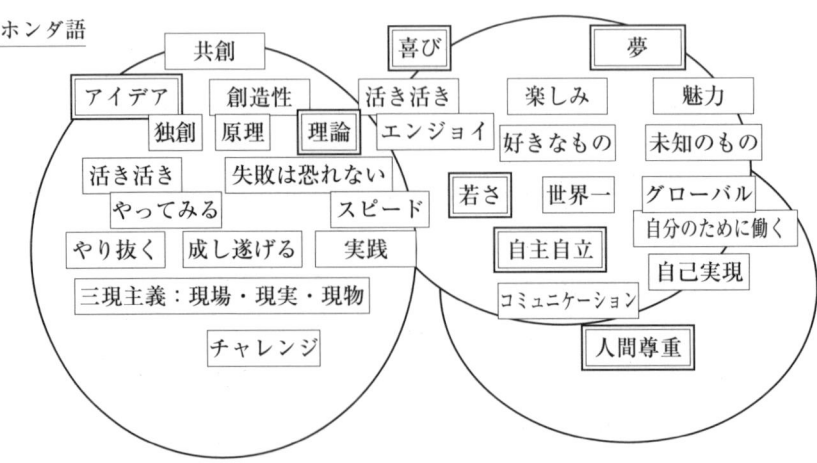

出所）若松義人・近藤哲夫（2001），柴田誠（2003），高木敏行（2003），御堀直嗣（2002）を参考に作成

(2) 補完メカニズムとしての信頼

　さてミクロ的なプログラム化を中心に考察してきたが，それを強化，拡充すればするほどルールや制度は整備されることになるが，それはルールも制度も複雑化し，基本の簡素化とは相反する結果を招くことになる．そして組織の従業員は複雑なルールや制度の中でがんじがらめになり身動きができないばかりか，ルールに受動的にならざるを得ず，受身的な行動へと追いやられることになる．またモチベーションを低下させ，変革や創造が生まれない状況を作ってしまうことを認識しなければならない．まさに硬直的で官僚的組織への退化に他ならない．

　そうした過度のプログラム化を防ぐには唐突と思われるかもしれないが「信頼」が重要であり，信頼の醸成を高める補完的メカニズムが必要となる．信頼とは，そもそも「期待をあてにすること」であり，「期待に応じてくれることを信じること」とも定義される．したがって，社会存続の基盤であり，企業や社会の繁栄を約束し，社会変革を推進する力 (Fukuyama, F., 1995) ともされている．日本やアメリカやドイツは高信頼社会であるからこそ，大規模な組織，ネットワークが構築・運営され，経済的繁栄をもたらしたという．すなわち，信頼感が高ければ複雑な規則や官僚的制度は縮減され，より複雑なシステム，関係をマネジメントすることが可能となる．すなわち，信頼は複雑性の縮減メカニズムといわれているのである (Luhmann, N., 1973).

　そこで課題となるのは信頼をどのように構築するかである．システムや組織の信頼性もその基盤は組織のメンバーやリーダー個人の信頼が基礎となる．その個人の信頼はどこから発生するかについては多くの研究がなされ，能力ないしその結果としての業績，言行の一貫性，正直・誠実・真摯さ，そして人の尊重などが提示されている (Shaw, R. B., 1997).

　管理者そして従業員の間に高い相互信頼関係を築くことが過剰な管理，官僚的構造や制度の補完メカニズムとして作用するのである．

4. 社会化（規範的統制）

　社会化は，組織メンバー間の直接的な人的接触による情報や価値の共有であり，企業文化の形成は，規範的統制などともよばれている．

　社会化メカニズムの第1として，チームづくりがある．QCサークルをはじめ日本企業のさまざまな小集団活動は，チームづくりの場であり，相互作用や共通体験そして相互理解から相互信頼へと発展する場である．職場のミーティング，勉強会，読書会，朝礼，歓送会，ゴルフ会，飲み会，部内旅行などインフォーマルな会合も含めて重要な場である．入社式，方針発表会や各種フォーラムや意見発表・報告会，表彰式，企業スポーツの応援，文化祭，全社的な研修，海外研修旅行なども共通体験，感情共有の重要な場となる．そうしたイベント・マネジメントは社会化メカニズムの中核的課題である．

　そして情報交換ノートから社内新聞や情報誌，ウェブ上の掲示板，ナレッジマネジメント・システムなど情報交換，知識共有，感情交流の多様なメディアづくりである．

　さらに行動規範や経営理念などの直接的な価値共有化のための研修会，ミーティング，講演会，ポスターやハンドブックの配布を通じた理念浸透の運動展開も社会化にとっては欠かせない方法のひとつである．

　最近はe-ラーニングが普及してきているが，それも個人で学ぶことから，複数で同時に学ぶ協同学習が注目されている．協同学習は他者の存在が相互作用により思考を深め，異質な知識・考え方・態度に触れ，創造を促進し，態度変容を促進する．さらには人間関係（協調スキルを向上させると同時にチームづくり）を強化するとも指摘されており，社会化のマネジメント・ツールの性質ももっているといえよう．

(1) 補完メカニズムとしての多様化

　価値が共有化され企業文化として確立することは，メンバーの理念，価値観

が統一され，求心力を強め，行動のベクトルが一致することでもある．優良企業は明確な経営理念，ビジョンが共有化され，強い企業文化が構築されていることはさまざまな研究が明らかにしてきている．しかし一方では「金太郎飴」「一枚岩」といわれるように，どこから切っても同じ顔が現れ，組織のメンバーは誰でも同じような顔をし，同じような発想，行動スタイルがみられる．それが「○○会社ウエイ」とか「○○企業マン」などともいわれるその企業独自の価値観，行動パターンを示すものである．

しかし，それが過剰に強化されると，画一的発想，同一な行動となり，さらに異質な発想，異なる行動が許されなくなる．それは環境や状況認識も画一化し，新たな異なる情報は入ってこなくなり，無視されることになる．そのため状況の客観的認識は不可能となり，新たな動向を無視する傾向を強め，柔軟性を失うことになる．

経営環境が多様化し，激しく変化する現代においては，それに対応すべく組織内も一枚岩でない，多様な認識，発想，行動が求められる．多様化には多様化でしか対応できないともいわれている．すなわち，組織に異質な価値や考え方をもつグループ，言い換えればサブカルチャーを温存し，多様性を保持することが求められる．グローバル企業は多様な民族・文化をもった従業員で構成されることになる．ジェンダーそして世代間の多様化も進んでいる．求心力や独自のアイデンティティが破壊されない範囲で，意識的に多様性を維持し，また多様性を高め，その間でのシナジーによって新たな創造，変革が生まれるような多様性のマネジメントが補完メカニズムとして重要である．

(2) マネジメント・メカニズムの長所・短所

こうしたマネジメント・メカニズムあるいはツールは，それぞれ長所・短所をもっている．集中化は権限・資源を集中して保有する個人や組織が意思決定し，指示命令をする方法であり，統一性が保持され迅速な意思決定がなされることが大きな長所である．そのマネジャーが優れた能力と先見性や判断力を

もっていればスピーディで適確な意思決定，行動が実現される．しかしながら事業や，組織の規模拡大は，その管理者に膨大な情報を集中し，意思決定を仰ぐことになり，過剰な負担をもたらすことになる．そうなると現場と乖離した判断と決定がなされてしまうことになり，判断ミスや意思決定の遅れを招くことになる．極端な集権化は「ワンマン経営」といわれ，下の現実情報，不利な情報は管理者やトップにあがらず裸の王様を生む．それは一方では，組織メンバーの受動性，指示待ちを強め，主体性や能動的なモチベーションを低下させることにもなる．また部門分化によりセクショナリズムが発生・強化されることは前述したとおりである．

　プログラム化は個人的な判断による行動に頼らず，手順や権限などが標準化，公式化されるので効率的な業務遂行や組織運営がなされる．しかしながら，そうしたルールや制度は一定の環境条件で定められ標準化されたものであり，環境や状況変化が生じた際には変更を必要とされる．しかしそうした変更には時間を要し，対応に遅れが生じてしまう．すなわち，プログラム化は硬直性という短所を内包しているのである．もちろん標準化，公式化そのものにも大きなエネルギーと時間を要することはいうまでもない．昨今ではこうしたルールや制度もIT技術を活用しオンライン化，デジタル化し，こうした欠点の改革が進められている．

　もうひとつの社会化は，規範や価値の共有によるマネジメントであり，統合性の高いマネジメント・ツールといえる．それは集中化による指示・命令やプログラム化による規制，統制という受動的なメカニズムではなく，個々人の自己判断，主体的積極的行動にゆだねられるので，個々人の主体性やモチベーションを高めるマネジメント・ツールともいわれている．しかしながら価値の共有に時間とエネルギーを要しきわめて高コストなツールである．しかし価値観の過度の共有化は認識や行動の画一性を招くといった欠点もみられる．それはともすると状況やその変化の客観的認識を阻害し，複眼的視点や発想を不可能にする傾向がある．したがって補完的メカニズムとして，組織内に異

図表2-4　マネジメント伝統と長所・短所

	長所	短所	米	欧	日本
集中化	統一性 迅速性	過剰負担 セクショナリズム	中	低	高
プログラム化	効率性	硬直性	高	中	低
社会化	統合性	高コスト 画一性	低	高	中

出所）Bartlett, C. A. and S. Goshal（1989）等より作成

　なる価値観そして，サブカルチャーの存在を許容し，多様性を確保することが重要となる．

　こうした長短所を内在しているマネジメント・ツールはひとつのツールにのみ依存することは現実には不可能であり，不適切であろう．企業のライフサイクルからみれば創業時は集中化のツールが中心であり，成長期に入ればプログラム化が重要となろう．しかしそれだけに頼れば，まさに大企業病，官僚制の欠点が表面化することになろう．そうなると社会化による大企業病の欠陥を補うことが求められることになる．すなわち，状況に応じた複合的なマネジメント・ツールの活用が求められるのである．

　また，各国の，地域の歴史文化の影響により，マネジメント・ツールの活用や重点が異なることも指摘されている．図表2-4のように米国はプログラム化を中心としてマニュアル経営が進められている．一方，欧州企業はなかなか一般化が難しいが強いて一括すれば社会化中心の委任経営が行われているといえよう．中間管理者あるいは海外子会社の経営者はトップ・マネジメントと十分価値共有がなされ，それぞれの担当部署や子会社の経営は完全に委任される方式がとられる傾向が強い．それに対して日本は本社トップに権限が集中する集中化メカニズムが重視されている．それだけに，管理者は本国，本社に目を向けて仕事をし，意思決定も遅いといったことが指摘されている．

5. 自己統制化と支援へ

　マネジメントのメカニズムや方法は民主化，分権化，水平化をキーワードに

しながら参画的管理,委任による管理,目標による管理,というように管理者による一方的支配,指示・命令や強制,あるいは監視・統制から脱皮を図ってきたといってよいだろう.それは別の見方をすればマネジメント・メカニズムの集中化からプログラム化,そして社会化を加えた複合的マネジメント・メカニズムへの発展でもある.そして,さらには管理者や他者によるマネジメントではなく,行動する本人自身による調整,統合であり,自己管理,自己統制ともよばれる.「セルフ・リーダーシップ」すなわちリーダーを必要とせず,自らリーダー意識をもち,リーダーシップを発揮することの重要性も指摘されている.

こうした動向を端的に示しているのが昨今のエンパワメントやコーチング,メンタリングの重視である.エンパワメント (empowerment) は権限委譲と日本語訳をつける場合も少なくないが,それはパワーの拡充であり,権限のみならず,能力や意欲の強化も含む,まさに部下の総合的パワーアップの支援を意味する (Norden-Powers, 1994).

最近では管理から支援へ,そして「支援学」と名づけられた学問の確立も目指されている.その意味するところも他者のエンパワメントである.

ビジネス界でも部下自身が気づき,学ぶことを支援するコーチングが重視され,長期的視点からのキャリア形成や学習のアドバイス,後見人を意味するメンタリング (mentering) やメンター (menter) としての支援や役割が重視されているのである.リーダーは部下のために奉仕し,召使としての役割を果たす「サーバント・リーダーシップ」(Servant Leadership) も唱えられてきている (Hunter, J., 2003;金井,2002).

それには,部下自身の管理者への依存ではない,自らの言動は自ら律し,制御する自律 (self-regulation) が前提となる.すなわち自己分析・自己陶冶・自己訓練が求められる (国分,1982).とくに自らの専門性,キャリアの自律化に焦点が当てられ,キャリア・プランやキャリア・デザインの自己設計や自己責任に基づく開発が推奨されてきている.

それは自立的専門家であるプロフェッショナルとしての能力発揮，開発，倫理に基づく仕事と責任，成果達成が目標とされてきており，今後の基本方向はそれぞれの役割に応じたプロフェッショナル化とそのセルフマネジメントであろう．しかしことはそう簡単ではない．ひとりの自立化そしてセルフマネジメントには人格陶冶や高い倫理観，強い意志によるセルフマネジメントが求められる．最近はそれがさまざまなところで綻びが生じてきている．チョットした点検の怠りや，不摂生な生活が原因の人為的ミスによる大事故の発生，あるいは倫理観の欠如や法律違反による不正取引や粉飾決算，汚職・詐欺や経費流用など数多くの事件が発生し続けている．または行動の影響を無視した大企業による環境汚染や破壊などはコンプライアンス経営，そしてCSRとして環境経営の強力な推進が大きな課題として取り上げられてきている．

　マネジメントは管理者統制から自己統制へと重点が移ってきているものの，改めて基本的倫理やルール，法律といった基本プログラムを改めて見直し，マネジメント・メカニズムとしての再認識と再構築が求められてきているといえよう．

　言い換えれば自己統制には個々人の知的・人格的成長が基盤であり，環境変化も適確に認知・判断し，その対応を創造することが重要となる．それには日常的・継続的な学習が求められており，一層の学習の重要性を物語っているといえよう．

演・習・問・題

問1　マネジメント・ツールの規範的統合とは何か．
問2　官僚的統制と信頼の関連について述べよ．
問3　自己統制の課題について述べよ．

参考文献

Bartlett, C. A. and S. Ghoshal (1989) *Managing across Borders : The Transnational Solution.* Harvard Business School Press.（吉原英樹監訳『地球時代の企業戦略』日本経済新聞社，1990 年）

Fukuyama, F. (1995) *Trust : The Society Virtues and the Creation of Prosperity,* Free Press.（加藤寛訳『信，無くば立たず』三笠書房，1996 年）

Hunter, J. (2003) The Servant：A Simple Story About the True Essence of Leadership, Crown Publishers.（石田量訳『サーバント・リーダーシップ』PHP 研究所，2004 年）

Luhmann, N. (1973) *Vertrauen : Ein Mechanismus der Reduktion sozialer Komplexität,* Ferdinand Enke Verlag.（大庭健・正村俊之訳『信頼：社会的な複雑性の縮減メカニズム』勁草書房，1990 年）

Norden-Powers, C. (1994) *A Wakening the Spirit of the Corporation,* Global Service Pty Ltd.（吉田新一郎・永堀宏美訳『エンパワーメントの鍵』実務教育出版，2000 年）

Shaw, R. B. (1997) *Trust in the Balance,* Jossey-Bass. Inc.（上田惇生訳『信頼の経営』ダイヤモンド社，1998 年）

金井壽宏（2002）『最強のマネジメント心理学』中経出版

遠藤功（2005）『見える力』東洋経済新報社

伊丹敬之（2005）『場の論理とマネジメント』東洋経済新報社

御堀直嗣（2002）『ホンダトップトークス』アーク出版

柴田誠（2003）『トヨタ語の事典』日本実業出版社

高木敏行（2003）『トヨタ最強企業の哲学』実業之日本社

若松義人・近藤哲夫（2001）『トヨタ式人間力』ダイヤモンド社

《推薦図書》

1. 国分康孝（1982）『自立の心理学』講談社
   自立，自律をわかりやすく解説した書．
2. 諸上茂登・根本孝編著（1996）『グローバル経営の調整メカニズム』文眞堂
   日本企業のグローバルなマネジメント・ツールの実態を調査分析した専門書．

3. Shaw, R. B. (1997) *Trust in the Balance*, Jossey-Bass. Inc.（上田惇生訳『信頼の経営』ダイヤモンド社，1998年）
　アメリカの経営コンサルタントによる経営における信頼の重要性，信頼の強化，回復策の提言書．
4. 支援基礎研究会編（2000）『支援学』東方出版
　支援を多角的な視点から幅広く考察した研究書．
5. 伊丹敬之（2005）『場の論理とマネジメント』東洋経済新報社
　階層パラダイムに代る日本発の"場"のパラダイムを提起した書．

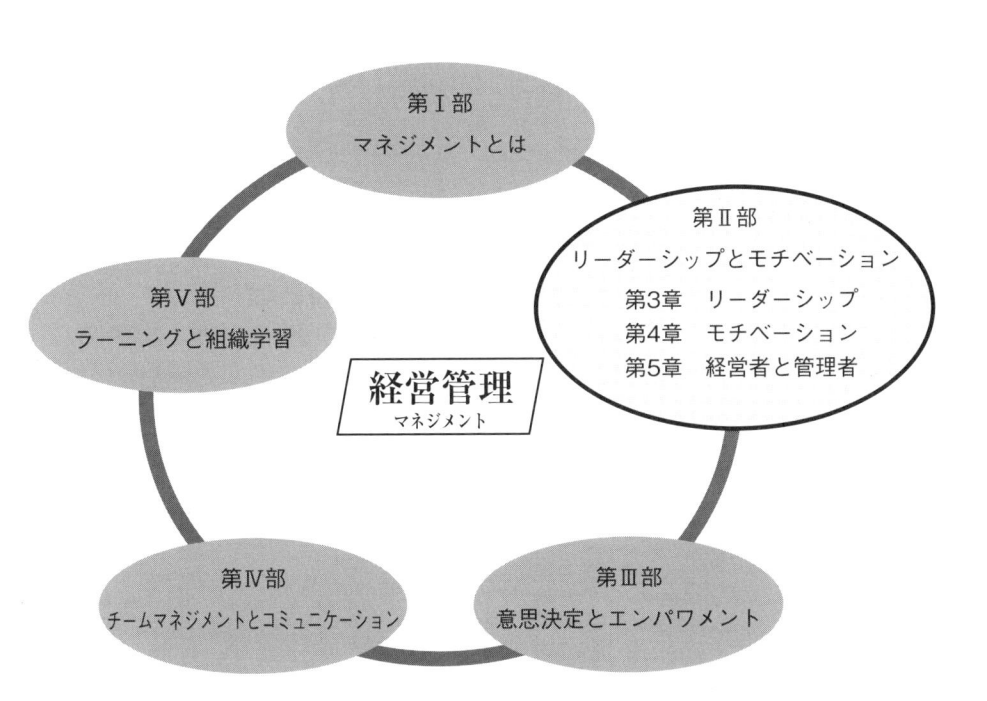

第Ⅱ部
リーダーシップとモチベーション

- 第Ⅰ部 マネジメントとは
- 第Ⅱ部 リーダーシップとモチベーション
  - 第3章　リーダーシップ
  - 第4章　モチベーション
  - 第5章　経営者と管理者
- 第Ⅲ部 意思決定とエンパワメント
- 第Ⅳ部 チームマネジメントとコミュニケーション
- 第Ⅴ部 ラーニングと組織学習

経営管理
マネジメント

第3章の要約

　リーダーシップは身近な集団から国家に至るまで，あらゆる場面に存在するものである．しかも，リーダーシップのあり方は組織そのものを大きく左右する重要な要素として，いつの時代にも認識されてきた．組織を効率的に機能させるためには有効なリーダーシップが必要であり，リーダーがフォロワーを統率して組織の目標を達成していくというプロセスは，組織を成功に導くために常に求められているものである．

　しかしながら，リーダーシップは多様かつ複雑な概念であり，リーダーの行動とリーダーシップの成果を明らかにすることは難しい．それゆえに，リーダーシップの有効性を解き明かすためにさまざまなアプローチがなされてきた．たとえば，リーダーの個人的資質に焦点をあてた特性理論，リーダーの行動とフォロワーとの関係から有効なリーダーシップ・スタイルを探る行動理論，リーダーの置かれた状況によって有効なリーダーシップ・スタイルが異なるとする条件適応理論，さらにはカリスマ的リーダーシップ理論，変革型リーダーシップ理論など，時代の変遷とともに多様な理論が展開されてきた．

　リーダーシップは実践的なものであるが，まずこれらの理論を学ぶことによりリーダー行動とその成果との関連を理解することは実践のための基礎となるはずである．本章では，リーダーシップの概念を説明した上で，リーダーシップの理論を整理しその概要を紹介することとする．

第3章 リーダーシップ

1. リーダーシップの概念

(1) リーダーシップとは

　リーダーシップは，組織における人間関係や集団関係をとらえるために必要不可欠の概念といえる．しかしながら，膨大な数のリーダーシップに関する研究を総括したストッグディル（Stogdill, R. M.）により，リーダーシップの概念を定めようとした人と同じくらいの数の異なるリーダーシップの定義が存在することが指摘されているように，リーダーシップの意味するところはきわめて多様である．ストッグディルは 3000 以上のリーダーシップ研究を検討し，その中から共通性の抽出を試みた結果，リーダーシップを，① 集団過程の中核，② 特定人物の効果，③ 支配の技術，④ 社会的影響の過程，⑤ 行為ないし行動，⑥ ひとつの説得方式，⑦ 目標達成の手段，⑧ 対人的な相互作用の過程，⑨ 集団におけるひとつの地位・役割，⑩ 導き手の役割行動であるとする 10 の概念に集約している．その上で，リーダーシップを「集団の目標達成および維持，強化のために，ある個人が他の成員や集団の活動に影響を与えるプロセスである」とする集団機能に関連づけたきわめて包括的な定義を行っている．このように，リーダーシップの概念は，大局的には組織や集団において人的資源を目標達成に向かわせる影響力の一形態であるととらえられるが，具体的な定義として，その一致した見解を見い出すこともむずかしい．

　たとえば，ある企業で成功したリーダーシップ・スタイルが他の企業で同じように適用できるとは限らないし，組織内においても，その状況によってトップダウン型のリーダーシップが効果的な場合もあれば，そうでない場合もある．複数人の意図的な協力による共有的なリーダーシップが有効な場合や，課題に応じてメンバーのそれぞれにリーダーシップが期待される場合さえある．このように，リーダーシップはその状況に応じて求められる要素の異なる多様な概念といえる．それだけに，リーダーシップは時代の変遷とともに多面的なアプ

ローチがなされ，さまざまな理論が展開されてきたのである．

(2) 組織とリーダーシップ

　リーダーシップはいうまでもなく組織において発揮されるものである．企業などの組織におけるリーダーシップとは，どのようなものであろうか．組織のリーダーは，組織内外の環境を考慮したうえで目標を設定し，その達成に向けて成員を動機づける，円滑な組織運営や協力関係を促進する，成員のさまざまな欲求や要求を充足させる等，その役割は大きい．成員の相互接触が可能な小規模の組織であればリーダーが個々の成員の行動を見届け，それぞれに対応することは可能である．しかし，組織の規模が大きくなるに従い，リーダー（トップ）が組織全体を把握し個々の成員に直接働きかけることは困難となる．これに対してリッカート（Likert, R.）は，大規模で複雑な組織であったとしても小集団が重複的に階層構造を形成するという多元的重複集団型組織の概念を示している．このシステムでは，組織は重なり合った小集団から成り立ち，図表3-1に示すように各集団のリーダーが組織の上層と下層をつなぐ「連結ピン」の役割を果たすことになる．具体的には，部長や課長といったリーダーの役割は部下を管理するだけでなく，自らがリーダーを務める集団（部や課）を他の集団と垂直的・水平的に結びつけることになる．また，リーダーは上位と下位の集団に属することになり，上位の集団に対してはフォロワーシップを，下位の集団に対してはリーダーシップをといった2つの役割を担うことになる．このように，組織は職場集団の積み重ねとして機能しており，各リーダーとフォロワーとの間に適切なリーダーシップに基づく相互のコミュニケーションが確保されているならば，組織全体が組織目標の達成に向けた高い動機づけを保つことが可能となる．

　リッカートはまた，集団とリーダーの行動分類としてのリーダーシップをリーダーの機能的特性に基づいて，「システム1」（独善的専制型），「システム2」（温情的専制型），「システム3」（相談型），「システム4」（集団参加型）の

4つのパターンに分類している．もっとも理想的なリーダーシップ形態は参加的で集団志向的であり，下層から上層へのコミュニケーション経路が整っている「システム4」とされ，それは支持関係の原理，集団的意思決定，高い業績目標の設定，という3つの原理から構成される．この「システム4」が有効に機能するためには「連結ピン」の役割を司るリーダーが的確なリーダーシップのもと，集団内外のコミュニケーションを促進することにより集団としての共通理解を形成することが重要となる．それにより，組織全体が有機的に統合されることとなる．このように，組織において影響力を振るうのも，また集団間を結び付けていくのもリーダーシップを発揮するリーダーの役割であるといえる．

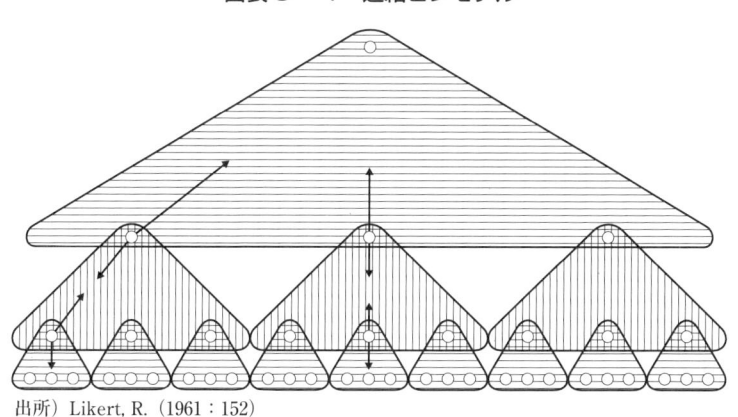

図表3－1　連結ピンモデル

出所）Likert, R.（1961：152）

(3) リーダーシップとフォロワーシップ

　リーダーシップとは，集団や組織における相互作用の中で発生するものであるから，リーダーひとりだけではリーダーシップは成り立たないことになる．フォロワーが存在しなければリーダーは存在できないわけであり，フォロワーとリーダーの相互関係の中で，フォロワーがリーダーの存在を認めることによ

り，はじめてリーダーシップが成立することになる．このことからも，リーダーシップとフォロワーシップは対応関係にあるといえる．

リーダーシップが集団の成員や活動に対する影響を与えるプロセスであるならば，フォロワーシップはそれを受け入れ，実行することがその機能といえる．リーダーシップはリーダー個人に内在する概念というよりも，リーダーとフォロワーとの間に存在するものであり，リーダーが発揮する影響力をフォロワーがどのように認識し受け入れるかというプロセスにおいて構築される．たとえば，会社組織において役職者などのリーダーはその職位に応じた権限をメンバーに行使するが，それとリーダーシップは同一のものではない．メンバーに対するリーダーシップはリーダーの職位に応じた権限が生み出すものではなく，そのリーダーにフォロワーが帰属することによって生まれるものがリーダーシップである．このように，リーダーシップとはリーダーとフォロワーの相互作用の過程でリーダーに帰属されていくものといえる．

フォロワーシップにも，リーダーシップ同様さまざまなスタイルがあるが，リーダーシップとフォロワーシップのどちらかだけが優れている状況では集団は有効に機能しない．仮に優れたリーダーシップを発揮するリーダーを有する集団であれば，フォロワーシップの優劣がその集団の成果の多くを規定することになる．すなわち，フォロワーシップが有効に機能するためにはリーダーはメンバーの資質や能力を見定め，それに適した目標設定や言動を通してフォロワーシップを育てることが重要となる．

2. リーダーシップの行動理論

(1) 初期のリーダーシップ研究

リーダーシップ研究における初期のアプローチは，リーダーがもつ個人的特性に焦点をあてた特性（資質）理論に関するものであった．これはリーダーになる人物には一般の人びととは異なる優れた資質や特徴があり，その特性はどのリーダーにも共通しているという考えに基づき，リーダーのパーソナリティ

や能力，外観などの個人的特性とリーダーシップとの関連を探ろうとしたものである．しかし，リーダーの個人的特性とリーダーシップの間に一貫した関係は認められず，優れたリーダーに共通する個人的特性を見出すことができなかった．

こうした理由により，リーダーシップ研究はリーダーの資質に基づく特性理論研究から，リーダーの具体的な行動やスタイルに焦点をあてた行動理論研究に転換していった．これはリーダーのどのような行動がメンバーにどのように作用するのか，すなわち優れたリーダーとそうでないリーダーのとる行動類型（リーダーシップ・スタイル）を明らかにしようとしたものである．このアプローチはレヴィン（Lewin, K.）により始められた．レヴィンらはリーダーの指導スタイルとして民主的，専制的，放任的の3つのリーダーシップ・スタイルを設定し，それらのリーダーのもとでの成員の行動や態度の観察が行われた．その結果，民主的リーダーシップの優位性が示されている．

この研究が契機となり行動論的アプローチはその後，多くの詳細な研究が行われ，リーダーシップ・スタイルと集団の生産性や職務満足との関連を明らかにしている．これらの研究における代表的なモデルは，リーダーの行動を職務（仕事，課題）志向と人間関係志向の両面でとらえる2次元モデルである．行動理論に関する代表的な研究としては，ミシガン大学グループによるリーダーシップ研究，オハイオ州立大学グループによるリーダーシップ研究，三隅二不二によるリーダーシップPM理論，ブレークとムートンによるマネジリアル・グリッド理論などがある．これら代表的なリーダーシップの行動理論に関して概説することとする．

(2) ミシガン大学のリーダーシップ研究

ミシガン大学における初期のリーダーシップ研究においては，リーダーシップと業績の関連を明らかにすることを目的に，高業績グループと低業績グループにおけるリーダーの行動が比較研究された．その結果，高業績グループでは

「従業員中心志向」(employee oriented) のリーダー行動がみられ，低業績グループでは「職務志向」(production oriented) のリーダー行動がみられることがわかった．高業績グループのリーダー行動と低業績グループのリーダー行動には，具体的には次のような特徴がみられた．まず，高業績グループのリーダーはフォロワーに関心を向け，職務に関しては大まかな指示しか出さず，失敗や誤りがあったとしてもそれを学習の機会として活かせるようフォロワーを支援する傾向にある．一方，低業績グループのリーダーは集団としての効率性を求め，職務に関する細かな指示を出し，失敗や誤りに対しては厳しい態度で臨む傾向がある．またフォロワーの側からみると，高業績グループのリーダーのもとでは仮に高い目標を課されたとしてもそれが不当な圧力とはみなされないが，低業績グループのリーダーのもとではそれを不当な圧力とみなされる傾向にある．

(3) オハイオ州立大学のリーダーシップ研究

次に，オハイオ州立大学におけるリーダーシップ研究の概略をみていく．オハイオ研究の当初の目的はリーダー行動を正確に測定することのできる尺度の構築を目指したものであった．その過程では多様な状況のグループに対する綿密なフィールド調査が行われ，それをもとにLBDQ (Leader Behavior Description Questionnaire) とよばれるリーダー行動記述質問票が開発された．

この研究で明らかにされたことは，リーダー行動は「構造づくり」(initiating structure) と「配慮」(consideration) という2つの次元から説明できるということである．「構造づくり」とは組織目標の達成や課題遂行のために計画を策定し，仕事の割り当てを行うなど集団活動を構造化することがその内容である．「配慮」とは意思疎通や相互信頼関係，フォロワーの意思決定への参加といった人間関係的な側面である．

オハイオ研究における「構造づくり」と「配慮」は2つの独立した次元であり「構造づくり」と「配慮」は互いに影響を及ぼすものではない．たとえば

「構造づくり」で高い行動をとったリーダーは，それに影響されることなく，「配慮」においても高い行動をとることが可能である．

なお，オハイオ研究とミシガン研究を比較すると，オハイオ研究の「構造づくり」と「配慮」は，ミシガン研究の「職務志向」と「従業員中心志向」にそれぞれ近い概念といえる．

(4) PM理論

三隅二不二はオハイオ研究をもとにした実証研究を行い，「PM理論」を提唱した．PM理論は，集団には仕事面と人間関係面の2つの機能があることが理論の根底にある．リーダーとフォロワーとの相互関係をP機能：「目標達成機能」(performance)とM機能：「集団維持機能」(maintenance)とする2つの座標軸であらわしたものである（図表3-2）．P機能とは，集団の目標達成や課題解決の機能であり，集団の効率性や生産性を向上させるための，仕事に関するリーダー行動を指す．一方，M機能とは，集団を維持し強化する機能であり，人間関係に関するリーダー行動を指す．リーダーがこれら2つの機能においてどの程度有効なリーダーシップを発揮しているかをフォロワーが評価し，その平均値に基づいてリーダーシップを4つの類型に分類するものである．

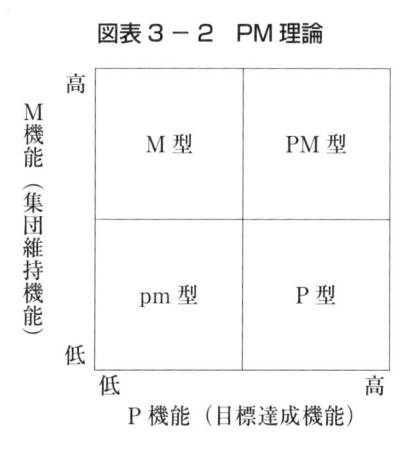

図表3-2　PM理論

	P機能 低	P機能 高
M機能 高	M型	PM型
M機能 低	pm型	P型

（縦軸：M機能（集団維持機能），横軸：P機能（目標達成機能））

図表3-2に示される4つの象限におけるリーダーシップのパターンは，次のようになる．

- 「PM型」 仕事とともに人間関係にも配慮するタイプ
- 「P型」　 仕事中心のタイプ
- 「M型」　 人間関係中心のタイプ
- 「pm型」 仕事にも人間関係にも配慮の弱いタイプ

これらのリーダーシップ4類型と集団効果との関係については，多様な職業や職位などさまざまな場面で検証が行われており，リーダーシップと業績や生産性の向上，事故の減少，定着率の向上などとの関係が実証的に検証されている信頼性の高い理論といえる．

(5) マネジリアル・グリッド理論

　ブレークとムートン（Blake, R. R. and J. S. Mouton）は管理者のリーダーシップは管理者自身の関心に影響されるとし，リーダーの行動スタイルを，「人間に関する関心」(concern for people) と「業績に関する関心」(concern of production) の2軸でとらえようとするマネジリアル・グリッド理論を提唱している．これは，オハイオ研究などの成果を実際の現場で具体的なリーダーシップ・スタイルに類型化したものである．図表3-3に示すように，マトリックスでリーダー行動を分類するものであり，縦軸は「人間に関する関心」，横軸は「業績に関する関心」とし，この2つの要件に対して，管理者がどの程度関心を払うかを，1から9までの段階で評価し，リーダーシップを計81の類型に分類している．この81分類のうち，次の5類型が基本形とされる．

　1・1型（消極型）　　　業績にも人間関係にも無関心なタイプ
　1・9型（人間中心型）　業績よりも人間関係を優先するタイプ
　5・5型（妥協型）　　　業績にも人間関係にも妥協的なタイプ
　9・1型（仕事中心型）　業績中心で人間関係に配慮しないタイプ
　9・9型（理想型）　　　業績にも人間関係にも配慮するタイプ

図表3-3　マネジリアル・グリッド

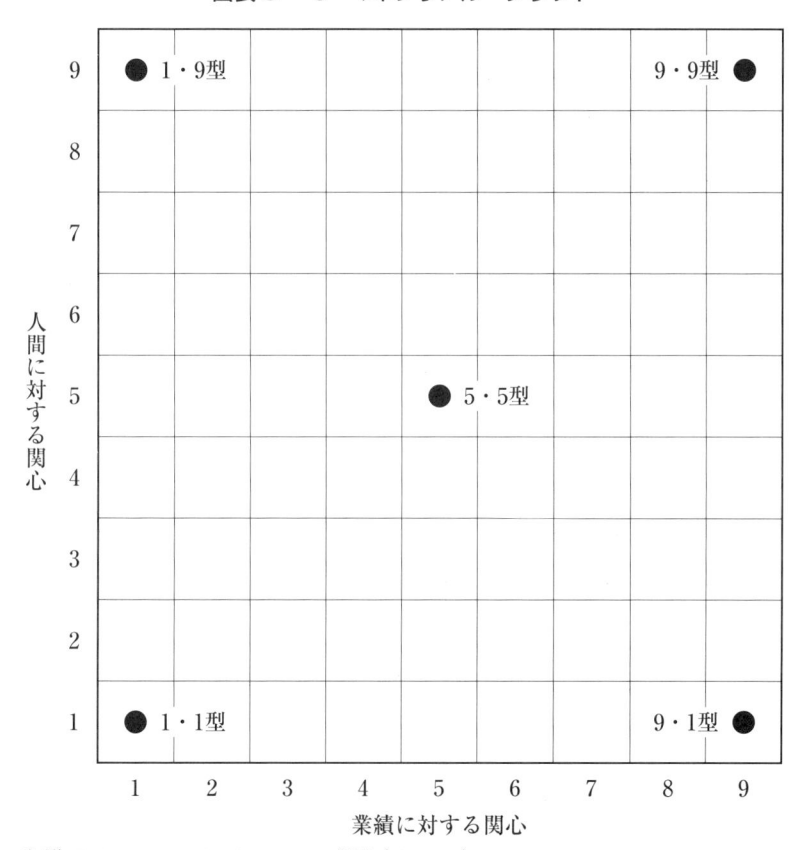

```
人 9  ● 1・9型                    9・9型 ●
間 8
に 7
対 6
す 5          ● 5・5型
る 4
関 3
心 2
  1  ● 1・1型                    9・1型 ●
     1   2   3   4   5   6   7   8   9
              業績に対する関心
```

出所）Blake, R. R. and J. S. Mouton, 邦訳（1965：14）

　この5つの類型において，両軸への関心が共に高い9・9型がもっとも望ましいと管理スタイルがされる．しかしながら，この理論は普遍的にあらゆる場面で妥当性をもつわけではなく，またフォロワーのニーズや状況の相違が考慮されていないなどの問題点も指摘されている．

3. リーダーシップの条件適応理論

　リーダーシップの行動理論は，リーダーシップ・スタイルを説明する上で多くの有効性が認められたが，研究が進められるにしたがい，いくつかの問題点が生じるようになった．たとえば，集団の業績が低くそれを改善するためにメンバーに圧力をかけるなどリーダーの行動によって業績が左右されるという場合だけでなく，リーダーの行動はフォロワーの行動の結果やフォロワーの行動の条件として存在する場合も多々ある．このように，有効なリーダーシップは課題の性質や環境，集団の構造，メンバーの習熟度などのリーダーの置かれた状況によって異なるというものである．

　こうした状況に対応するものとして構築されたのが，リーダーシップの条件適合理論（コンティンジェンシー理論）である．このコンティンジェンシー理論にはフィードラーの条件適応モデル，ハウスのパス・ゴール・モデル，ハーシーとブランチャードのSL理論などがある．

(1) フィードラーの条件適応モデル

　フィードラー（Fiedler, F. E.）は，集団のおかれた状況や集団そのものの特性を同時に考慮して，より効果的にリーダーシップのあり方を探る条件適応モデル（コンティンジェンシー・モデル）を提唱した．これは，リーダーの特性をLPC（Least Preferred Co-worker）得点と集団特性との組み合わせが有効なリーダーシップを決定するという考えに基づくモデルである．

　このモデルではもっとも苦手とする仕事仲間に対する好意度を表すLPC得点により，高いLPC得点のリーダーを「課題達成志向型」，低いLPC得点のリーダーを「人間関係志向型」の2つに分類する．また，集団のおかれた状況を3つの要素（「リーダーと成員の関係」，「課題の構造」，「リーダーの地位力」）から8つに分類する．そして，これらを組み合わせることにより，リーダーの置かれた状況とリーダーシップの有効性の関係をとらえている（図表3－4）．

図表3−4　状況の有利さの8つの水準ごとにみたリーダーのLPC得点と集団業績

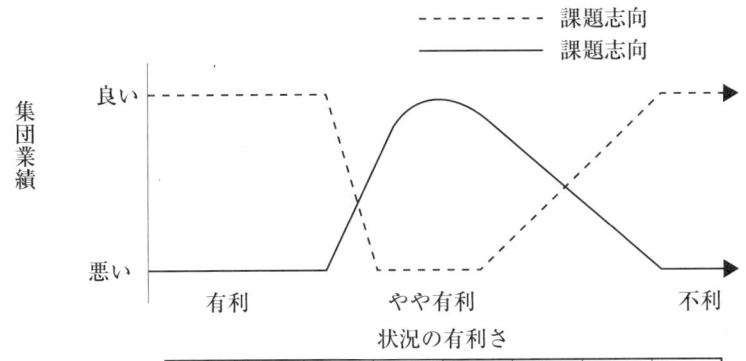

- - - - - - - 課題志向
―――― 課題志向

変数	I	II	III	IV	V	VI	VII	VIII
リーダー／成員関係	良い	良い	良い	良い	悪い	悪い	悪い	悪い
課題の構造	高い	高い	低い	低い	高い	高い	低い	低い
地位の勢力	強い	弱い	強い	弱い	強い	弱い	強い	弱い

出所）Chemers, M. M., 邦訳（1999：45）

　なお，フィードラーはリーダーの置かれた状況を表す8分類について3つの要素の重要度（リーダーと成員の関係＞課題の構造＞リーダーの地位力）を考慮して，「状況統制力」の分類を行い，I〜IIIを高統制状況，IV〜VIIを中統制状況，VIIIを低統制状況としている．

　これらの結果は図表3−4のように，中統制状況では高LPC得点の課題達成志向型リーダーの方が高い集団業績に結びつくが，高統制状況と低統制状況の場合は低LPC得点の人間関係志向型リーダーの方が高い業績をあげている．

　このモデルに対しては理論の枠組みの妥当性や個々の概念についてなどの批判がなされているものの，その後のリーダーシップ研究に大きな影響を与えている．

(2) ハウスのパス・ゴールモデル

　ハウス（House, R. J.）はフォロワーを動機づけ，満足させるためには，リー

ダーはフォロワーにとって好ましい成果が得られ,しかも達成可能な目標(ゴール)を設定し,そこに至るまでの道筋(パス)をつけることであるとするパス・ゴールモデルを展開した.

このモデルはリーダーシップ行動を,指示的,支持的,参加的,達成志向的の4つの行動に区分し,これらがフォロワーを含めたどのような状況において有効であるかを,集団の業績と職務満足度の結果から検証したものである.たとえば,反復作業のように課題の構造化の程度が高い職務においては,支持的なリーダーシップと職務満足との正の相関が高くなることが予想される.逆に,手順が複雑で反復的ではない課題の構造化の程度が低い職務においては,指示的なリーダーシップと職務満足との正の相関が高くなることが予想される.

ハウスらはこうした仮説を実証的に研究し,リーダーシップ行動とフォロワーの職務満足の関係が課題の構造化の程度によって影響を受けることを示している.また,このパス・ゴールモデルは,どのようなスタイルがどのような要因において適合的であるかをフィードラーの条件適応モデルに比べてより適切に説明している.

(3) ハーシーとブランチャードのSL理論

ハーシーとブランチャード(Hersey, P. and K. H. Blanchard)は,リーダーフォロワーや集団の「成熟度」によってリーダーシップ・スタイルを変化させるべきであるとする,リーダーシップのSL理論(Situational Leadership Theory)を提唱した.成熟度とは職務に必要な能力と意欲の2つの要因から導き出されるもので,M1〜M4の4段階に分類される.それらの組み合わせは,能力:低・意欲:低(M1),能力:低・意欲:高(M2),能力:高・意欲:低(M3),能力:高・意欲:高(M4)となる.

さらに,このモデルは成熟度とリーダー行動を仕事志向の「課業行動」,人間関係志向の「関係性行動」の3次元でとらえ,その組み合わせによって4つのリーダーシップ・スタイルを設定している(図表3-5).それらは以下のよ

図表3-5 SL理論

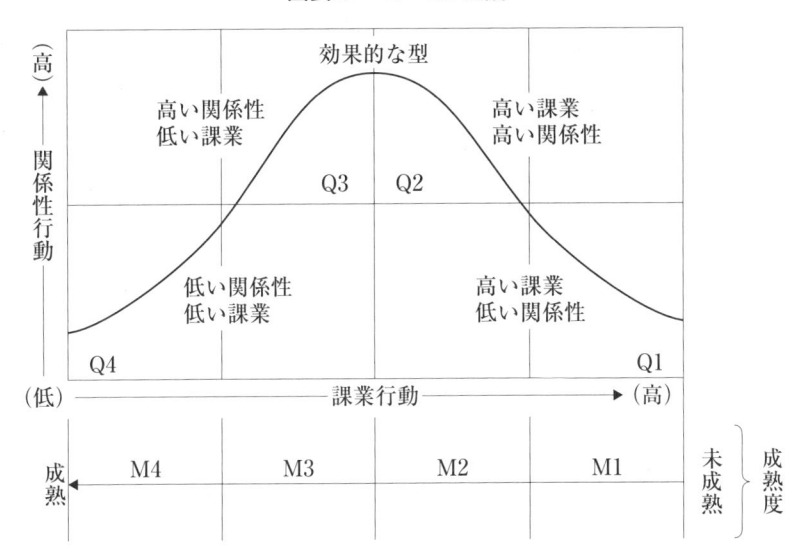

```
（高）
 ↑
関|        高い関係性      効果的な型   高い課業
係|        低い課業                   高い関係性
性|                     Q3 │ Q2
行|        ─────────────────┼─────────────────
動|        低い関係性               高い課業
 |        低い課業                 低い関係性
 |     Q4                              Q1
（低）─────────── 課業行動 ───────────→（高）

          M4      M3      M2      M1    未成熟  成熟度
  成熟 ←                                      未成熟
```

出所）Hersey, P. and K. H. Blanchard, 邦訳（1978：232）

うになる．

- 指示型——課業行動：高，関係性行動：低——成熟度M1の場合に適する
- コーチ型——課業行動：高，関係性行動：高——成熟度M2の場合に適する
- 参加型——課業行動：低，関係性行動：高——成熟度M3の場合に適する
- 委任型——課業行動：低，関係性行動：低——成熟度M4の場合に適する

このモデルは，効果的なリーダーシップ・スタイルがフォロワーの成熟度によって異なり，リーダーはフォロワーの成熟度に対応して，これらの中から適切なスタイルを選択する必要がある．

なお，このモデルに対しては成熟度の水準が曖昧である，リーダーシップ・スタイルの決定要素が成熟度のみに依存しているなどの批判はあるものの，実際の現場に適応しやすいモデルであり，多くの支持を得ている．

4. 変革型リーダーシップ

(1) 変革的リーダーシップの背景

　リーダーシップの行動理論や状況理論は，組織の内部における特定の小集団を主な対象としたものである．つまり，現場レベルで好業績を達成するにはどのようなリーダーシップ・スタイルが有効であるかという，主に現場実務に焦点をあてた理論であり，マネジメントの観点からみれば，ロワー・マネジメント（第5章参照）を対象とするリーダーシップ理論といえる．そのため，環境の変化に応じて組織全体を導くというリーダーシップを説明するには十分とはいえない．しかし，20世紀後半以降，国際的な企業間競争が激化するなど企業を取り巻く環境が急速に変化するようになると，それに応じて組織の進むべき方向性や将来のビジョンを示すことがリーダーに求められるようになった．このことから，リーダーシップ研究の対象は，次第に現場レベルから組織の上層にその対象が移行し，独創的な発想により組織に変革とイノベーションをもたらす変革的リーダーシップが注目されるようになった．

　こうした変革的リーダーシップ理論の基礎的概念は，ハウスやコンガーとカヌンゴ（Conger, J. A. and R. A. Kanungo）に代表されるカリスマ的リーダーシップ理論に見い出すことができる．もっともカリスマの概念は古く，20世紀初頭のウェーバー（Weber, M.）にさかのぼる．ウェーバーは支配の形態を伝統的支配，合法的支配，カリスマ的支配の3つに類型化しているが，カリスマ的支配とは伝統的権威や制定規則ではなく，個人の資質によるものとされる．ハウスはこうしたリーダーのカリスマ性に再び着目し，新たな視点からカリスマ的リーダーシップ研究を行った．ハウスは，①役割モデリング，②イメージ形成，③目標の結合，④高い期待，⑤信頼，⑥動機喚起的行動といったカリスマ的リーダーシップに関係する6つの行動を示すなど，カリスマを資質とみなしたウェーバーとは異なり，カリスマをリーダーの行動からとらえている．また，コンガーとカヌンゴは理論を発展させ，カリスマ的リーダーの3つの行

動的特徴と4つの個人的資質特性を示している．行動的特徴は，①ビジョンや熱意の提示，②慣習にとらわれない行動，③ビジョンを追求するに際しての自己犠牲，であり，個人的資質特性は，①自信，②インプレッション・マネジメントのスキル，③認知的能力，④社会的感受性と共感性である．カリスマ的リーダーシップ理論は，カリスマ性の中身について継続的な研究が行われているが，実証的な方向づけにおいて変革的リーダーシップ理論の基礎となるものといえる．

(2) 変革的リーダーシップ理論

　変革的リーダーシップ理論とカリスマ的リーダーシップ理論は類似する概念であるが，カリスマ的リーダーシップ理論がリーダーのカリスマ性が中心的要素であるのに対して，変革的リーダーシップ理論はリーダーが掲げるビジョンを中心的な要素としてとらえている．

　変革的リーダーシップ理論の代表的研究者であるコッター (Kotter, J. P.) によると，変革はリーダーシップに含まれる主要な機能とされる．コッターは，リーダーシップに必要な要素として，①方向設定，すなわちビジョンと戦略の策定，②人材を目標に向けて整列させていく活動，③モチベーションと意欲昂揚の3つをあげている．ひとつ目の方向設定とは，将来に向けてのビジョンを示し，そのビジョンの達成に必要とされる変革を生むための戦略の設定することである．2つ目の人材を目標に向けて整列させていく活動とは，メンバーがビジョンを理解し，その達成に貢献する意欲を盛りたてるために協力関係を築くことである．3つ目のモチベーションと意欲昂揚とは，変革に対する障害を乗り越え，組織を正しい方向へ導くことである．これらに加えて，コッターは企業文化とリーダー育成の結びつきの観点から，リーダーシップを育む企業文化の創造に対してリーダーシップが発揮されることの重要性を指摘している．このように，企業の外部環境の変化に素早く対応して組織を発展させるためには，明確なビジョンを中心概念として，自ら組織を変革に導くトップの

リーダーシップが求められている.

　ところで,今後のリーダーシップの方向性はどのようなものであろうか.リーダーシップは組織において発揮されるものであるから,組織の変化に対応して,求められるリーダーシップは異なることになる.求められるリーダーシップが変化するということは,組織構造の変容を示すことにもなる.大量生産,大量消費を前提にそれに合理的に機能することを目指した従来型の階層組織においては内部環境を向上することによる生産性の効率が求められるから,多くの現場レベルのリーダーシップ研究が行われた.しかし,国際競争による競争の激化は,外部環境の変化に組織を迅速に対応させるための変革的リーダーシップ理論を見い出した.さらに近年,急速に進展する情報化は知識集約型経済への転換をうながし,それに対応してこれまでの組織形態からフラット型やネットワーク型への移行が進んでいる.今後のリーダーシップは,こうした変化の流れに対応したものが求められるであろう.

演・習・問・題

問1　リーダーシップの行動理論のひとつであるPM理論の内容を説明するとともに,身近な集団を取り上げ,それをPM理論からみるとどのようにとらえられるかを述べなさい.
問2　リーダーシップの条件適応理論が生まれた背景を踏まえた上で,その内容について具体的なモデルをもとに説明しなさい.
問3　変革的リーダーシップが求められるようになったのはどのような要因によるものか,また変革的なリーダーに必要と考えられる要素は何かについて述べなさい.

参考文献

Blake, R. R. and J. S. Mouton (1964) *The Managerial Grid,* Gulf Publishing.（上野一郎監訳『期待される管理者像』産業能率短期大学,1965年)

Chemers, M. M. (1997) *An Integrative Theory of Leadership,* Lawrence Erlbaum Associates, Inc.（白樫三四郎訳『リーダーシップの統合理論』北大路書房,1999年)

Fiedler, F. A. (1967) *A Theory of Leadership Effectiveness,* McGraw-Hill.

（山田雄一監訳『新しい管理者像の探求』産業能率短期大学，1970年）
Hersey, P. and K. H. Blanchard（1969）*Management of Organizational Behavior,* Englewood Cliffs, New Jersey：Prentice-Hall, Inc.（山本成二ほか訳『行動科学の展開』日本生産性本部，1978年）
Kotter, J. P.（1985）*Power and Influence,* Free Press.（加護野忠男・谷光太郎訳『パワーとリーダーシップ』ダイヤモンド社，1990年）
Kotter, J. P.（1990）*A Force for Change,* Free Press.（梅津祐良訳『変革するリーダーシップ』ダイヤモンド社，1991年）
Kotter, J. P.（1999）*On What Leaders Really Do,* President Fellows of Harvard College.（黒田由貴子監訳『リーダーシップ論』ダイヤモンド社，1999年）
McCall, W. M. Jr.（1998）*High Flyers,* President Fellows of Harvard College.（金井壽宏監訳『ハイ・フライヤー』プレジデント社，2002年）
Likert, R.（1961）*New Patterns of Management,* McGraw-Hill.（三隅二不二訳『組織の行動科学：新しいマネジメントの探求』ダイヤモンド社，1964年）
Selznic, P.（1957）*Leadership in Administration,* Harper & Row.（北野利信訳『組織とリーダーシップ』ダイヤモンド社，1963年）
Stogdill, R. M.（1974）*Handbook of Leadership：A Survey of Theory and Research,* Free Press.
金井壽宏（1991）『変革型ミドルの探求』白桃書房
三隅二不二（1984）『リーダーシップ行動の科学』（改訂版）有斐閣

――――――――《 推薦図書 》――――――――

1. 金井壽宏（2005）『リーダーシップ入門』日本経済新聞社
   理論の紹介にとどまらず，実践に役立つ要素が数多く含まれる入門書．
2. Kotter, J. P.（1990）*A Force for Change,* Free Press.（梅津祐良訳『変革するリーダーシップ』ダイヤモンド社，1991年）
   綿密な調査をもとに変化する環境に対応するリーダーの役割を解説．
3. Kotter, J. P.（1999）*On What Leaders Really Do,* President Fellows of Harvard College.（黒田由貴子監訳『リーダーシップ論』ダイヤモンド社，1999年）
   コッターが展開するリーダーシップ論の概要を把握することができる．

4. Chemers, M. M.（1997）*An Integrative Theory of Leadership,* Lawrence Erlbaum Associates, Inc.（白樫三四郎訳『リーダーシップの統合理論』北大路書房，1999 年）

    広範にわたるリーダーシップ理論を取り上げ，検証を行っている理論書．
5. McCall, W. M. Jr.（1999）*High Flyers,* President Fellows of Harvard College.（金井壽宏監訳『ハイ・フライヤー』プレジデント社，2002 年）

    リーダーシップをプロセスとしてとらえるリーダー開発論を展開．

第4章の要約

　世の中を見渡すと，自分のことを犠牲にしてまでも仕事に打ち込む人がいる一方で，ニートとよばれる働く意欲がなく，学校を卒業しても求職活動すら行わない人たちがいる．この格差が生み出す要因を説明することは難しいが，仕事に対する動機づけ，すなわちモチベーションのレベルが異なることだけは確かであろう．また，同じ企業の中でも熱心に働く人もいれば，そうでない人もいる．これもモチベーションの違いから生じるものであろうが，この違いはマネジメントの観点からみると大きな問題となる．人材という限られた資源が組織の目標に動機づけられるかどうかは，企業価値に影響を与える重要な要素だからである．それゆえに，モチベーションに関する多くの研究が行われてきた．モチベーションを理解するためには，これらの研究により構築された理論を学ぶことにより，モチベーションが発生する要因やその過程を認識することが大切である．さらに，マネジメントとの関連で考えると，モチベーションを高めるには具体的にどのような方法をとればいいかということが課題となるが，それを実務に結びつけるための手法として注目されるものに，ビジネス・コーチングがある．

　そこで，本章ではまず，モチベーションの概念を説明した上で，モチベーションの理論として欲求理論と過程理論の代表的なものを概説する．そしてモチベーションを高めるための実践的な手法であるビジネス・コーチングを紹介することとする．

第4章 モチベーション

1. モチベーションの意味

(1) モチベーションとは

　モチベーションとは，目標を認識し，それを実現したり獲得したりするために方向づけを行ったり，行動を起こす力である．また，モチベーションは何らかの目標を目指して行動を立ち上げ，目標に達するまで行動を持続させるための原動力となるものである．

　モチベーションを企業活動との関連でとらえると，どのように考えられるであろうか．企業活動を行うのは人材であり，人的資源は企業にとってもっとも重要な経営資源といえる．もちろん仕事に対する能力は重要であるが，それに加えて，従業員それぞれが企業目標に動機づけられ，それに向かって職務を遂行するか否かによって，企業価値は大きく影響を受けることになる．つまり，従業員のモチベーションは，企業を動かすもっとも大きな要因ともいえる．このように，働くことに対する動機づけ，やる気，意欲といったモチベーションの管理は，企業にとって欠くことのできないものであり，従業員のモチベーションを高めるための施策は，マネジメントにとってきわめて重要な要素といえる．

　では，人が目標に向かって動機づけられるのは，どのような要因によるものであろうか．それは動因と誘因によるものである．動因とは欲求や願望といったものであり，誘因とは欲求を満たすためのもの，すなわち，目標のことである．この誘因と動因を，たとえば働くという行動にあてはめると，働きたいという動因と，給与や自己実現といった誘因によって，働くことに対するモチベーションが生じることになる．

　モチベーションそのものは基本的には個人の問題であるが，企業という組織の視点からみると，働く意欲は単に個人の問題だけとはいい難く，働く意欲（動因）を高められるような組織的配慮（誘因）がなされているかどうかに

よって左右される．このように，モチベーションを個々人の問題としてとらえるのではなく，従業員の誰もが働く意欲を高められるよう，組織全体の問題として対応することは，経営管理の重要な要素である．

(2) 外発的動機づけと内発的動機づけ

　働くことに動機づける要因が個々人の外にあるのか，それとも内にあるのかという外発的動機づけと内発的動機づけの区分は，モチベーションを考えるにあたって重要なことである．たとえば，働く意欲は経済人モデルと社会人モデルが示すような経済的報酬や人間関係といった個々人の外にある要因によって動機づけられるだけではなく，働くことそのものが目的であったり，より高い成果を目指すといった個々人の内面にあるものが源泉として動機づけられる場合もある．

　デシ（Deci, E. L.）によれば，内発的動機づけとは，自己の有能さと自己決定の欲求によって動機づけられるとする考え方である．つまり，自己の有能さを表出でき，自己決定が可能となる環境において，内発的に動機づけられることになる．また，それは内発的に動機づけられた活動以外には明白な報酬が生じない活動といえる．逆にみれば，内発的動機づけは外発的な要因によってその効果を減ぜられることになる．このことに関して，デシは外的報酬や外的要因が内発的動機づけに影響を及ぼすとする認知評価理論を展開している．それによると，内発的に動機づけられている場合でも，それに外発的な報酬が与えられることにより，その行動報酬を得るために働いていると知覚するとしたら，内発的動機づけの程度を弱められることになる．また，自己の有能さを示し，自己決定できる環境を阻害する状況がもたらされた場合も内発的動機づけは減ぜられる．しかし，自己の行動の結果に正のフィードバックがもたらされるならば，逆に内発的動機づけの程度を高めることになる．このように，内発的動機づけにとって外的報酬や外的要因は，正と負の2つの側面を有していることになる．

2. モチベーションの理論

　マネジメントの観点からみると，いかに従業員のモチベーションを高め，企業価値を高めるかは重要な課題である．それだけに，モチベーションに関する多くの研究がなされ，さまざまな理論が構築されてきた．モチベーション理論とは，多様な欲求をもつ人びとを動機づける要因に関する理論モデルであり，大きく欲求理論と過程理論に分類される．欲求理論とは，人は何によって動機づけられるのかという，内的欲求に焦点を当てたモチベーション理論である．欲求理論は動機づけを起こす要因を説明するものであるのに対して，過程理論とは人はなぜ特定の行動をとるのかといった，動機づけられる過程や構造に焦点を当てた理論である．本節では，まず欲求理論としてマズローの欲求階層説，アルダファーのERG理論，ハーズバーグの動機づけ・衛生理論を紹介する．続いて，人はどのように動機づけられるのか，その過程や構造に焦点を当てたモチベーションの過程理論について，期待理論，公平理論を取りあげ概説していく．

(1) モチベーションの欲求理論
1) マズローの欲求階層説

　マズロー（Maslow, A. H.）の欲求階層説によると，人間の欲求は階層構造を成しており，生理的欲求，安全の欲求，社会的欲求，尊敬の欲求，自己実現の欲求の5段階に区分される．低次の欲求が充足されるとより高次の欲求に移行し，この過程は不可逆的とされる．欲求階層説を構成する5つの欲求の内容は次のようになる．

① 生理的欲求――飢えや渇き，睡眠の充足，排泄など，人間が存在するためのもっとも基本的な欲求．

② 安全の欲求――病気やけが，災害など危険などから守られたいという欲求．また，職務保証や保険に対する欲求．

③ 社会的欲求——集団に所属することにより，社会的な関係をもちたい，また，愛情を求めたいという欲求．

④ 尊敬の欲求——地位や名声，評価などに対する他人からの尊敬や，他人よりも優れていたいとする自尊の欲求．

⑤ 自己実現の欲求——自己の能力を認識し，それを限りなく成長させていくことにより，自己実現を目指すという，行動そのものを目的とする欲求．

これらの欲求のうち，生理的欲求と安全の欲求の2つは低次の欲求と呼ばれ，社会的欲求と尊敬の欲求と自己実現の欲求の3つは高次の欲求とされる．もっとも高次の欲求である自己実現の欲求は，自己のあるべき理想的な存在に向かって限りなく近づこうとする成長欲求である．したがって，自己実現欲求には限界がなく，たえず自己実現の充足を求めて行動が持続されることになる．

マズローの欲求階層説は実証的な側面から妥当性に欠けるとする批判もあるが，その後のマネジメント論の発展に大きな影響を与えた．

2) アルダファーのERG理論

アルダファー（Alderfer, C. P.）は，マズローのモデルを修正したERG理論を構築した．ERG理論とは，欲求を生存（Existence），関係（Relatedness），成長（Growth）の3つに分類したモデルである．この理論をマズローの欲求階層説との関連でみると，ERG理論において人間の基本的欲求とされる生存欲求は，欲求階層説の生理的欲求および安全の欲求に相当するもので，飢えや渇き，睡眠の充足といった生理的なものから，職務保証や賃金などへの欲求までが含まれる．同様に，関係欲求は社会的欲求に相当し，家族や友人，職場の上司や同僚，部下といった人間関係に関する欲求である．自己や自己の環境に対して創造的でありたいとする成長の欲求は，尊敬の欲求および自己実現の欲求に相当するもので，この欲求は自己の能力を伸ばし，成長することによって満たされるものとされる．

ERG理論の特徴は欲求階層説と異なり，それぞれの欲求が同時に存在したり，並行して存在したりする場合もありうるとすることである．また，高次の欲求が満たされないときは低次の欲求が強くなることもあるとされる．たとえば，関係欲求は成長欲求と並存する場合があるし，成長欲求が充足されない場合は，関係欲求が強くなる場合もある．このように，ERG理論では欲求階層説と異なり，欲求の過程が不可逆的ではない．このように，アルダファーのERG理論はマズローの欲求階層説を現実に即して柔軟に改定した理論といえる．

3) ハーズバーグの動機づけ・衛生理論

ハーズバーグ（Herzberg, F.）は，人間の欲求には不快を回避したいという欲求（アダム的欲求）と精神的成長により潜在能力を実現したいという欲求（アブラハム的欲求）という2種類の欲求がある．前者が充足された場合，不満の減少とはなるが積極的満足は得られないのに対して，後者は，充足されない場合でも積極的満足が減少するだけで，必ずしも不満の増加には結びつかないとする仮説をもとに，約200人の技師と会計士を対象に面接調査を行った．その結果，人が仕事に不満を感じるときは，関心が仕事環境にあるのに対して，仕事に満足を感じるときは関心は仕事内容にあることを見い出した．仕事環境は仕事に対する不満を予防する働きをするもので衛生要因とよばれ，仕事内容は積極的に満足を引き出す働きをするもので動機づけ要因とよばれる．

ハーズバーグの調査の結果を示した図表4－1をみると，仕事に満足を与える要因の程度が高いものとして「達成」「承認」「仕事そのもの」「責任」「昇進」がある．一方，仕事に不満を与える要因の程度が高いものとしては，「会社の政策と経営」「監督技術」「給与」「対人関係」「作業条件」があるが，これらの項目が満足を与える要因となる程度はきわめて低く，仕事への動機づけの効果はほとんどもっていないことになる．このように，ハーズバーグの動機づけ・衛生理論によると，主に不満足をもたらす衛生要因の改善を図ったとしても，仕事への満足を得られないことから，積極的な職務満足を引き出すために

図表４－１　満足要因と不満足要因の比較

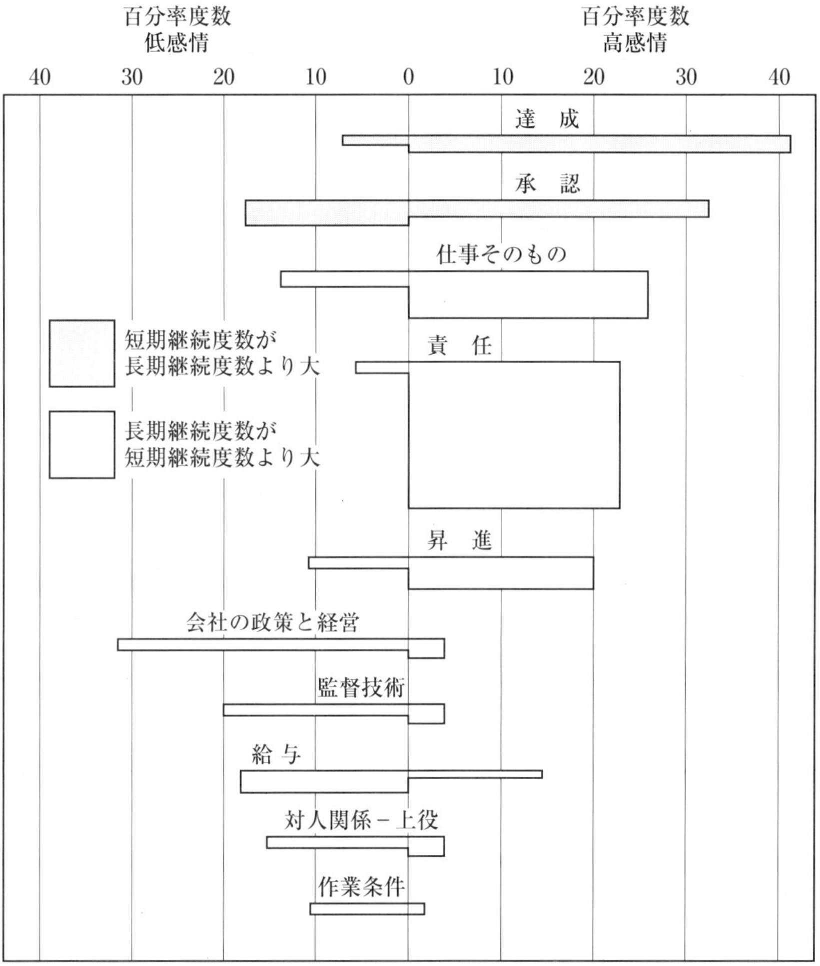
百分率度数
低感情
百分率度数
高感情
40
30
20
10
0
10
20
30
40
達　成
承　認
仕事そのもの
責　任
昇　進
会社の政策と経営
監督技術
給 与
対人関係－上役
作業条件
短期継続度数が
長期継続度数より大
長期継続度数が
短期継続度数より大

出所）Herzberg, F., 邦訳（1968：86）

は，動機づけ要因を強化することによってモチベーションを高めることが望ましいことになる．

なお，以上４つの欲求理論の概念を示したものが，図表４－２である．

図表4−2　欲求理論の比較

マズローの 欲求段階論	アルダファーの ERG理論	マグレガーの XY理論	ハーズバーグの 動機づけ・衛生理論
自己実現欲求	G（成長）	Y理論	動機づけ要因
尊敬の欲求			
社会的欲求	R（関係）		
安全の欲求		X理論	衛生要因
生理的欲求	E（生存）		

（高 ← 欲求のレベル → 低）

(2) モチベーションの過程理論

1) 期待理論

　人が何らかの行動をする場合，その行動に伴って生じる結果を予想し，その結果の実現性や価値を考えるのが普通である．このように，行動の結果として得られるであろうと思われる成果や報酬に対する期待によって動機づけられて行動が引き起こされるとするのが「期待理論」の考え方である．ヴルーム (Vroom, V. H.) はこうした「期待理論」を仕事への動機づけに応用し，動機づけの強さは「期待 (expectancy)」と「誘意性 (valence)」の積によって求められることを示した．期待とは努力をすれば相応の成果が得られそうだとする見込み（主観的確率）であり，誘意性とはその成果がもたらす価値の程度である．誘意性にはある成果を望む場合の「正の誘意性」と成果を望まない場合の「負の誘意性」があり，それはその成果を得ることがどのような価値につながるかという期待によって決まることになる．つまり，手に入るものであってもそれが価値のあるものでなければ動機づけられることはなく，行動は起きないことになる．

　こうしたヴルームのモデルを精緻化したのが，ポーターとローラー (Porter,

L. W. and E. E. Lawler）のモデルである．ポーターとローラーは，2つの期待プロセスを示している．ひとつは，努力（effort：E）が業績の向上（performance：P）をもたらすとする期待（E→P）であり，もうひとつはその業績はさらに望ましい結果（outcome：O）をもたらすであろうという期待（P→O）である．E→Pの期待は目標が達成される主観的な確率であり，P→Oの期待は目標が達成されることを前提とする，望ましいものが得られる主観的な確率である．ポーターとローラーは，動機づけの強さ（F）を2つの期待（E→P），（P→O）と誘意性（V）の積として，以下のように公式化している．

$$F = \Sigma \left[(E \to P) \times \Sigma \{ (P \to O) \times V \} \right]$$

この期待理論は，人間の合理的な情報処理過程にのみ注目したものであるという批判はあるものの，動機づけの強さを数量化可能な理論であり，またそれをコントロールできる理論であることから概して多くの支持を得ている．

2）公平理論

公平理論とは，他者と同じ状況に置かれたときに他者との比較で不公正感を知覚することによって動機づけが生じるとする考えである．アダムス（Adams, J. S.）によると，動機づけが生じるのは他者との比較によって不公平感を認知したときであり，不公平の知覚が動機づけの基礎になるとされる．すなわち，アダムスの公平理論は，人は公平な報酬分配を信条に行動し，公平水準を上回っても下回っても不公正感を抱くとする概念をモデル化したものである．

アダムスは，不公平を解消するための行動のプロセスを「投入（input：I）」「成果（output：O）」「自己（person：p）と他者（other：a）」の関係によって説明している．それらの関係を表した公式は，以下のようになる

(a) $\dfrac{Op}{Ip} = \dfrac{Oa}{Ia}$ (b) $\dfrac{Op}{Ip} < \dfrac{Oa}{Ia}$ (c) $\dfrac{Op}{Ip} > \dfrac{Oa}{Ia}$

たとえば，報酬について考えると，(a)の場合，自己の仕事量とその成果に対する報酬と他者の仕事量とその成果に対する報酬は公平であると認知されている状況である．しかし，(b)の場合，自己の仕事量とその成果に対する報酬

は他者の仕事量とその成果に対する報酬を下回っており，自己に不利な不公平の状況といえる．また，(c) の場合，自己の仕事量とその成果に対する報酬は他者の仕事量とその成果に対する報酬を上回っており，自己に有利な不公平の状況といえる．こうした不公平を解消するために動機づけが生じることになり，その動機づけの程度は不公平の程度によって決まることになる．不公平を解消する方法としては，投入を修正する，成果を修正する，自己に対する知覚を歪ませる，他者に対する知覚を歪ませる，比較対象を変える，状況を離れることなどがある．なお，投入や成果は常にプラスである場合だけでなくマイナスの場合もあるが，これに適応した修正モデルの作成が，ウォルスターら (Walster, E. et al.) によって試みられている．

モチベーションを考える上でこれらの理論を学ぶことにより，その概念を理解することは重要なことである．次節では，モチベーションを高めるための実践的な手法であるコーチングについて紹介する．

3. コーチング

(1) コーチングとは

コーチングという言葉からは，競技スポーツの分野を連想する場合が多いであろう．スポーツの指導者が「コーチ」とよばれるようになったのは，1880年代のボート競技とされる．その後，スポーツの分野におけるコーチングは科学的な分析のもと，先行的に体系的な発展を遂げた．

一方，マネジメントの分野においてコーチングの重要性が指摘されたのは1950年代であるが，いわゆるビジネス・コーチングが本格的に展開されるようになったのは1980年代以降といえる．

ビジネス・コーチングとは，企業や組織の管理者が日常の業務の中で部下の指導や育成に取り組むことであり，成果を向上させるための明確な目的をもった学習支援活動である．また，それは管理者が何かを教えるのではなく，部下が自ら学ぶことを支援するものである．

コーチングの基本は上司から部下への質問にある．その質問とは，上司が知りたいことを聞くという意味での直接的な質問ではなく，質問することによって部下に考えさせ，部下が自ら答えを導きだすための質問である．具体的には，質問形式として「特定質問」と「拡大質問」がある．特定質問とは答えがひとつに特定できる質問であり，拡大質問とは答えがひとつに特定できない質問のことである．また，時間的なものとして，これまでの事柄を聞く「過去質問」と，これからの事柄を聞く「未来質問」に分類できる．上司には部下が自分自身に立ち返り，自分で考え，自分で答えを決められるよう，これらの質問を適切に組み合わせることが求められる．つまり，コーチングとは上司が部下に対して単に指示を与えるのではなく，コミュニケーションの過程で上司が適切な質問を行うことにより，部下自身が自己の目標とそこに至るまでのプロセスや新たな意識などを導き出し，かつ，それに動機づけられるようにするための支援活動といえる．

　なお，職場におけるコーチングを通して部下は実際のケースに即した形で学ぶことにより，判断力やマネジメント能力を高めることになるので，コーチングは，OJT（On the Job Training）の一形態とも考えられる．

(2) ビジネス・コーチングが必要とされる背景

　ビジネス・コーチングが必要とされるようになった背景には，どのような要因が考えられるだろうか．もっとも大きな要因は答え，すなわち，企業や個人が本来有する能力や可能性を最大限に発揮するための方策を導く答えの所在が変化していることに求められよう．たとえば，企業と顧客の関係をみると，従来は生産者本位の商品やサービスを顧客に販売する営業スタイルであったものが，顧客のニーズをいかに引き出すかという顧客志向のコンサルティング・サービス型の営業スタイルへと変化している．つまり，答えの所在がいわゆる川上から川下へと変化していることになる．これに対応して，近年，組織のフラット化が進んでいるといわれる．フラット化とは効率的な情報の伝達が可能

となるように組織の階層を減らすことであるが，これを答えとの関係でみると，川下との接点が多い答えに近い組織への変化といえる．こうした組織のフラット化が進むと，上司と部下のコミュニケーションは，一方向的で指示型な関係から，協働的な関係が求められるようになる．こうした協働的システムのもとでは上司と部下のパートナーシップが重要となり，パートナーとしての部下が答えを引き出すための支援を行う方法がコーチングなのである．

さらに，コーチングが必要とされる背景として，モチベーションとの関係も指摘できよう．従来型の年功型賃金体系から成果主義型賃金体系への転換が進んでいることは既知の事実である．そこにおいては，それぞれの目標に対する成果が主な評価の対象となるわけであるが，そのための目標管理は従業員のモチベーションに大きく左右する要素といえる．同じ目標であったとしても，一方的に設定された目標と，コーチングを通して自分自身が関与し自ら設定した目標とでは，おのずとモチベーションのレベルが異なることが想定される．

組織を取り巻くこれらの変化のもとで，組織の成員としての個々人の存在は，組織の成長にとってより重要な要素となっている．個人の成長を促進するコーチングは，こうした環境に適する手法として注目されている．

(3) コーチングとリーダーシップ

コーチングは学説的にはリーダーシップ論の系譜に位置づけられるものであり，コーチングとリーダーシップはしばしば対比される．リーダーシップ論においてコーチという概念が登場したのは，条件適応理論のひとつであるハーシーとブランチャードのSL理論とされる（第3章3.）．ただし，このモデルにおけるコーチ型の意味は，開発レベルが低い段階にある成員に対して指示的かつ支援的リーダーシップ行動が有効であるとするものである．その後，ビジネス・コーチングが発展していく過程で，本人の開発レベルの高低にかかわらず，コーチ的な要素の必要性が認められるようになった．

では，コーチングと従来型のリーダーシップにはどのような違いがみられる

のだろうか．まず，コーチングにおける上司の役割は，部下とのコミュニケーションの中でさまざまな質問を行い，それをもとに部下自らが目標とそこに至るプロセスを考える支援をすることである．一方，リーダーシップにおいては，上司が目標とそこに至るプロセスを指示し，部下はそれに従うことになる．つまり，コーチングにおける答えは部下が自ら導き出すものであるのに対して，リーダーシップは上司が答えを有することになる．もっとも，その答えはコーチングにおいてもリーダーシップにおいても常に正しいものであることはないが，コーチングは個人に適用する答えであることと，基本的に短期間で見直しを行うことが基本であるので，その修正は容易となる．

また，評価に関しては従来型リーダーシップが主に結果を重視するのに対して，コーチングは自らが設定した目標に至るまでのプロセスも重視することになる．

個別にみると，コーチングとリーダーシップにはこのような相違があるものの，コーチングとリーダーシップはまったく異なる概念ではない．リーダーは川下により近い部下へのコーチングを通して，リーダーとしての答えを導くためのヒントを得て，それをリーダーシップ行動に役立てることも大切なことである．

(4) コーチングのモデル

実際の職場で用いられる著名なコーチングのモデルとして，GROWモデルとよばれるものがある．GROWモデルとは，GOAL（目標の明確化），REALITY（現実把握），RESOURCE（資源の発見），OPTIONS（選択肢の創造），WILL（目標達成の意志）の5つの要素から構成されるモデルであり，必ずしもこの順序に従ってコーチングを進める必要はない．基本的には上司から部下への質問によって行われ，部下自らが考え，答えを導くための適切な質問が行われることが求められる．

個々の概念をみると，まず，「目標の明確化」においては，抽象的で大きな

図表4−3　GROWモデル

G	GOAL (目標の明確化)	・もっとも達成したいことは何か？ ・どのような成果を手に入れたいか？ ・3年後になりたい自分のイメージは？
R	REALITY (現実把握)	・緊急の問題は何か？ ・長期的にみてもっとも重要な課題は何か？ ・これから事態はどのように変化するか？
	RESOURCE (資源の発見)	・誰かの力を借りることはできるか？ ・必要な情報はどのように入手できるか？ ・もっとも都合が良いのはいつか？
O	OPTIONS (選択肢の創造)	・ライバルが使っている方法は何か？ ・もっとも効果の大きい方法は何か？ ・逆の発想をすることはできないか？
W	WILL (目標達成の意志)	・優先順位がもっとも高いのは何か？ ・1週間以内にできることは何か？ ・現在の目標を達成したらどのように感じるか？

出所）本間正人（2001：65）より加筆

目標から具体的な目標へと設定することになる．ここでは，不可能な目標ではなく，達成可能な目標を設定することが大切となる．次に「現実把握」の段階では，現状の把握を行ったうえで，望ましい目標を明確にする．「資源の発見」においては，目標の達成や問題の解決のために有効な手段を考える．具体的な手段とは，ヒト，モノ，カネ，ジョウホウなどの資源をさす．「選択肢の創造」では，現実から目標に至るまでのプロセスとして，できるだけ多くの可能性を考え，その中からもっとも適したものを選択する必要がある．最後の「目標達成の意志」においては，目標達成のための具体的な計画を立て，目標を達成する意志を確認する．GROWモデルのそれぞれの段階における質問例は，図表4−3に示す．

これらの質問を通して，コーチングが行われるわけだが，上司はその過程で必要に応じて適切なアドバイスを行うことにより，部下の学習と行動を促進することが求められる．ビジネス・コーチングが本格的に展開されるようになってからそれ程の年月は経ていないが，組織の形態や制度の変化が進む中，それに対応してモチベーションを管理する手法として，さらなる発展が期待されよう．

演・習・問・題

問1 モチベーションの欲求理論について具体的なモデルの概要を説明し，自己のこれまでの経験をそれらのモデルに照らし合わせ考えてみなさい．

問2 ビジネス・コーチングの特徴を踏まえた上で，リーダーシップとの相違点を説明しなさい．

問3 ビジネス・コーチングが求められるようなった背景を踏まえ，リーダーシップとの相違点を説明しなさい．

参考文献

Deci, E. L. (1975) *Intrinsic Motivation,* New York：Plenum.（安藤延男・石田梅男訳『内発的動機づけ』誠信書房，1980年）

Hersey, P. and K. H. Blanchard (1969) *Management of Organizational Behavior,* Englewood Cliffs, Prentice-Hall, Inc.（山本成二ほか訳『行動科学の展開』日本生産性本部，1978年）

Herzberg, F. (1966) *Work and the Nature of Man,* World Publication.（北野利信訳『仕事と人間性』東洋経済新報社，1968年）

Lawler, Ⅲ. E. E. (1971) *Pay and Organizational Effectiveness：A Psychological View,* McGraw-Hill.（安藤瑞夫訳『給与と組織効率』ダイヤモンド社，1972年）

McGregor, D. (1960) *The Human Side of Enterprise,* McGraw-Hill.（高橋達夫訳『企業の人間的側面』産業能率大学出版部，1966年）

Maslow, A. H. (1970) *Motivation and Personality,* Harper & Row.（小口忠彦監訳『人間性の心理学』産業能率大学出版部，1971年）

Peters, T. J. and N. K. Austin (1985) *A Passion for Excellence,* Harper & Row.（大前研一訳『エクセレント・リーダー』講談社，1985年）

Schein, E. H. (1980) *Organizational psychology,* 3rd ed., Englewood Cliffs, Prentice-Hall.（松井賚夫訳『組織心理学』岩波書店，1981年）

Vroom, V. H. (1964) *Work and Motivation,* John Wiley & Sons.（坂下昭宣ほか訳『仕事とモティベーション』千倉書房，1982年）

Weiner, B. (1980) *Human Motivation,* Holt, Rinehart and Winston.（林保・宮本美佐子監訳『ヒューマン・モチベーション』金子書房，1989年）

榎本英剛（1999）『部下を伸ばすコーチング』PHP研究所

本間正人（2001）『ビジネス・コーチング』PHP研究所
伊藤守（2002）『コーチング・マネジメント』ディスカヴァー・トゥエンティワン
田尾雅夫（1991）『組織の心理学』有斐閣
田尾雅夫（1993）『モチベーション入門』日本経済新聞社

《推薦図書》

1. 伊藤守（2002）『コーチング・マネジメント』ディスカヴァー・トゥエンティワン
   コーチングの全体像を理論と実践的な要素の双方から説明．
2. 榎本英剛（1999）『部下を伸ばすコーチング』PHP研究所
   コーチングの基本的な概念とともに具体的なスキルを紹介．
3. Schein, E. H. (1980) *Organizational psychology*, 3rd ed., Englewood Cliffs, Prentice-Hall.（松井賚夫訳『組織心理学』岩波書店，1981年）
   個人と組織の関係の中でモチベーションをとらえ，モデルを展開．
4. 田尾雅夫（1993）『モチベーション入門』日本経済新聞社
   モチベーションを実際に即しており，その基本をわかりやすく解説した入門書．
5. Weiner, B. (1980) *Human Motivation*, Holt, Rinehart and Winston.（林保・宮本美佐子監訳『ヒューマン・モチベーション』金子書房，1989年）
   主に心理的側面からモチベーションの理論を体系的な考察をした専門書．

第5章の要約

　マネジメントとは，組織の目標達成のために経営資源を有効に活用することである．マネジメントは経営者層と管理者層といった階層レベルによって役割が異なる．経営者層は経営方針や経営計画といった全社的な意思決定をくだし，管理者層は企業内の部門を管理するための執行的な意思決定を行っている．このように意思決定はマネジメントの中核概念として位置づけられ，各階層のマネジャーがその権限と責任に応じて行う意思決定にしたがって，全社的な業務が推進されることになる．

　こうした企業の中核としてのマネジャーは，スケジュール化された合理的な行動により計画，組織化，命令，調整，統制などを行う存在であるとする通念を抱く場合が多いかもしれない．しかし，実際のマネジャーの日常は一般的に想定されるマネジャー像とは大きく異なり，一見，非効率とも思える断片的で受動的な行動を特徴とするものである．この特徴はどのような要因から生じているのであろうか．また，情報化の進展に伴う知識集約的サービス経済化の流れは，資産として知識や情報の価値を高めている．これは経営資源を効率的に活用することが求められるマネジャーの役割に変化をもたらしうることが考えられるが，それはどのような変化であろうか．

　本章ではこれらの事項に焦点をあて，マネジャーの職務と役割について考えていくこととする．

第5章　経営者と管理者

1. マネジメントの階層と意思決定

(1) マネジメントの階層とその機能

　企業における組織階層は，トップ・マネジメント，ミドル・マネジメント，ロワー・マネジメントの3つに分けられ，トップ・マネジメントは「経営者層」として，ミドル・マネジメントとロワー・マネジメントは「管理者層」として位置づけられている．これらの階層の明確な定義はないが，一般的にはトップ・マネジメントの次に位置する部課長クラスをミドル・マネジメント，その次に位置する係長，職長など初級の管理・監督者をロワー・マネジメントとして理解できよう．

　これら3つのマネジメントの役割は階層によって異なるものである．それらの機能について概説する．

　1) トップ・マネジメント

　トップ・マネジメントは，受託層と全般管理層によって構成される．受託層の役割には，株主の利益を保護，経営の基本方針の決定，資産の保護と活用，関係する集団との利害の調整などがある．この受託層は取締役会によって担当される．全般管理層は，取締役会が決定した基本方針に従って，委任された権限の範囲内で経営計画を策定し，経営活動を執行する．この全般管理層の代表が社長などの最高経営責任者であり，常務会や経営会議などが設置される場合が多い．

　トップ・マネジメントは，長期的視点のもと，企業を取り巻く環境の変化に応じて，経営方針や経営計画などの全社的な計画を設定する戦略的な役割を担っている．それに際しては，企業本来の目的を明確に示すとともに，組織の効率化や最適化，人材の適正な配置，権限の委譲，統制を図ることにより，経営資源を有効に活用するという経営活動の総合的統括を行うことになる．

2）ミドル・マネジメント

　ミドル・マネジメントは，トップ・マネジメントにより策定された経営方針や経営計画をもとに，中期的な視点で各部門における具体的な行動計画を策定し指導や管理を行うとともに，上位層と下位層との間を媒介するといった調整的な役割を果たす．行動計画の実施にあたっては，その進捗状況と問題点を把握することにより問題解決を図ることが必要となる．経営資源を有効に管理することにより，行動計画を確実に達成することが求められるが，その過程において人材を育成することもミドル・マネジメントの役割といえる．

　また，行動計画の進捗状況や部門における要求や意思を上位層に適時報告するとともに，上位層と下位層の調整においては，上位層の戦略的要素と下位層の業務的要素を融和させる役割が求められる．

3）ロワー・マネジメント

　ロワー・マネジメントは，ミドル・マネジメントと一般社員の間に位置し，ミドル・マネジメントの指示に従い，一般社員の管理・監督，指導などを行うといった業務的な役割を担っており，現場の効率化により費用の削減を目指したり，一般社員のモチベーションを高めたりすることが求められる．また，一般社員が現場で知り得たさまざまな情報を吸い上げ，有効な情報を選別して活用するとともに上位の管理者に報告することも重要な役割である．

(2) マネジメントの階層と意思決定

　サイモン（Simon, H. A.）は，マネジメントの中核概念として意思決定を位置づけ，マネジャーは意思決定者としての役割を果たすことを指摘している．意思決定はトップ・マネジメントのみに与えられるものではなく，それぞれの階層において日常的に行われている．サイモンによると，意思決定のプロセスは，「情報活動」「設計活動」「選択活動」「検討活動」の順に4つの段階を通して行われている．情報活動とは意思決定を必要とする問題を探索し，識別することである．設計活動では，情報活動によって識別された問題を解決するため

のいくつかの代替案を作成し，選択活動においてそれらの代替案を評価して最適なものを選択する．その上で，選択された代替案を実行した場合の結果を検討する．

　意思決定はこのようなプロセスを経て行われるものであるが，サイモンは意思決定が対象となる問題の構造を「定型的意思決定」と「非定型的意思決定」の2つのタイプに分けている．

　定型的意思決定とは，日常的に発生する問題に対して行われる反復的な意思決定のことである．対象となる問題が繰り返し発生するため問題の本質や構造が明確にされており，それを解決するための定型的な処理過程があらかじめ準備されているので，そのプロセスにしたがって意思決定ができることになる．そのため，代替案の評価の過程が定型化され，意思決定過程の一部が省略されることになる．定型的意思決定は構造的な意思の決定であり，プログラム化しうる意思決定ともいわれる．

　一方，非定型的意思決定とは，新規に発生する問題に対して行われる意思決定のことである．対象となる問題がこれまでに直面したことのないものであるため，問題の本質や構造が複雑で不明確なので，それを解決するためには複雑なプロセスを経て意思決定が行われる．非定型的意思決定は非構造的な意思の決定であり，プログラム化し得ない意思決定ともいわれる．

　もっとも，実際に発生する問題に対して定型的意思決定と非定型的意思決定のどちらが行われるかを明確に区分できるわけではなく，両者の間に位置するものも多くあるといえる．

　意思決定をマネジメント階層との関係でとらえると，ロワー・マネジメントにおいては定型的要素の強い意思決定が多く行われる．階層が上がるにしたがって非定型的要素の強い意思決定が多くなり，トップ・マネジメントは長期的な視野に基づいた複雑なプロセスを必要とする意思決定を迫られる場合も多い．

　このようにマネジメントの階層によって必要とされる意思決定のプロセスは

異なるわけであるが，意思決定の内容もマネジメント階層ごとに相違がみられる．アンゾフ（Ansoff, H. I.）は意思決定の種類を，「戦略的意思決定」「管理的意思決定」「業務的意思決定」の3つに分類している．

戦略的意思決定とは，主としてトップ・マネジメントが行う意思決定であり，企業と外部環境との関係といった企業構造に関する問題を対象とするものである．具体的には企業が生産する製品や提供するサービスとその販売市場の組み合わせをどのようにするかといったことや，企業全体として何を目指すのかといったことに関する意思決定である．戦略的意思決定は非定型的意思決定であり，そこで要求される情報は主に外部情報となる．

管理的意思決定とは，主としてミドル・マネジメントが行う意思決定であり，各部門において収益を上げるために企業内の経営資源をどのように組織化するかというものである．これは資源の調達方法や製品の販売，サービスの提供方法などに関することなどが対象となる．管理的意思決定の方法や意思決定のために必要となる情報は，戦略的意思決定と業務的意思決定の中間的な要素のものとなる．

業務的意思決定とは，主としてロワー・マネジメントが行う意思決定であり，日常業務に関するものである．その内容はスケジュールの管理や資源の調達などの日常業務を効率的にして収益性を最大にすることを目的とするものである．業務的意思決定は日常的なものであるため定型的意思決定の要素が強く，そこで要求される情報は主に内部情報となる．

マネジメント階層ごとの意思決定の種類はこのようになるが，意思決定の順序は必ずしも上層から下層の順に行われるものではなく，また各層における意思決定は補完関係にあるといえる．

2. マネジャー活動とその役割

(1) マネジャーの活動内容

経営者や管理者といったマネジャーは，自身の仕事において具体的には何を

行い，またどのように行動し，どのような役割を果たしているのだろうか．

ミンツバーグ（Minztberg, H.）によるトップレベルのマネジャーを対象にした調査によると，マネジャーの活動には短時間，多様性，断片的という共通した特徴がみられる．それによると，マネジャーの活動のほとんどが別々の事柄を扱う多様な業務であり，個々の活動に費やす時間は短時間で，しかもそれらは断片的に行われている．たとえば，マネジャーは1日平均36通の書類と16の口頭での接触があるが，その内容は雑多なものであるし，勤務中の多岐にわたる活動には計画的な活動パターンを見い出すことができない．

マネジャーの個々の活動における継続時間の平均は，デスクワークが15分，電話が6分，予定された会議が68分，予定外のミーティングが68分，現場視察が11分と会議を除いては個々の活動は短時間のうちに行われている．さらに，個々の活動の半数は9分以内に処理され，1時間以上継続する活動は全体のおよそ10%と，マネジャーの活動はそれぞれが分断化されていることがわかる．マネジャー活動の短時間という特徴はポンダー（Ponder, Q. D.）などの研究において，また断片的という特徴はスチュワート（Stewart, R.）などの研究によっても同様の傾向がみられ，それはトップレベルのマネジャーだけでなく，ミドル，ロワーレベルのマネジャーにもあてはまるものとなっている．

また，マネジャーの活動時間の78%を口頭によるコミュニケーションが占めている．つまり，デスクワークなどひとりで行う活動ではなく，対人的な接触に大半の時間を費やしていることになる．口頭でのコミュニケーションが多用されるのは，それが最新の情報と迅速なフィードバックを提供する手段であるからとされる．一方，こうした対人的接触のうち，マネジャー側から働きかけた接触は32%に過ぎず，また対人接触に占める受動的活動が42%を占めるのに対して，積極的活動は31%と少ない．つまり，自らの行動をコントロール可能とする部分は少ないことになる．こうした受動的な対人接触はマネジャー活動の断片化をもたらす一因といえる．

なお，接触時間からみたコミュニケーションの対象は，部下48%，上司7%，

同僚16％，社外の人28％となっており，部下以外の所属する部門外との接触時間は52％と半数を占める．その中で，社外との接触は多岐にわたり，社外の情報を得るためのネットワークを築いている．なお，スチュワートなどの研究においては，階層別では，トップレベルの方が対外的な接触が多く，ミドルレベルの方が対内的な接触が多い．がしかしいずれの研究によってもマネジャーの対外的な接触のウェイトが多いことを示されている．

一見，スケジュール化され能動的な行動をとるという伝統的なマネジャー像とは異なり，現実のマネジャーはこのように断片的で受動的な行動をとっている．

(2) マネジャーの役割

マネジャーはこうした対人接触を中心とする多様で断片的な活動を通して，10の役割を果たしている．これらは，マネジャーの公式権限と地位から生まれる「対人関係の役割」，対人関係役割と情報へのアクセスから生まれる「情報伝達の役割」，マネジャーの権限と情報から生まれる「意思決定の役割」の3つのカテゴリーに分けることができる．

ひとつ目の対人関係に関するものには，フィギュアヘッド，リーダー，リエゾンとしての役割がある．フィギュアヘッドとは，代表者としてのマネジャーの象徴的な役割であり，多くの対人的な義務の遂行である．リーダーの役割は，個人の欲求と組織の目標を統合させるために環境づくりや動機づけを行うもので，組織内の対人関係に大きな影響を与えることになるものである．リエゾンの役割とは，自らの組織と外部環境を連結させるものであり，この役割により社外のネットワークを構築することになる．リーダーとリエゾンの役割を通して，マネジャーは組織内部と外部の情報への特権的なアクセスが可能となる．

2つ目の情報伝達に関しては，モニター，周知伝達，スポークスマンの役割がある．マネジャーはモニターとして組織内外の情報を常に探索し，多様な情報から組織とその環境を理解することになる．周知伝達の役割としては，組織

内外の事実性あるいは価値性に関する情報を部下に伝える．また，スポークスマンとして組織内部の有力者と外部のグループに情報を提供する．この過程を通して，マネジャーは情報ネットワークを維持することができる．

　3つ目の意思決定においては，企業家，障害処理者，資源配分者，交渉者としての役割を果たす．企業家としてのマネジャーは，組織における新たな問題や機会を常に探索し，状況に対処する必要が認められる場合は，改善計画を提案，設計して組織の計画的変革を行う．これが意思決定の実際の出発点となる．障害処理者としての役割は，組織に障害が発生したときに事態を修正することである．障害はさまざまな要因により発生するが，障害が発生した場合，マネジャーはその解決を最優先にする必要がある．資源配分者の役割は，スケジューリング，作業のプログラム化，行動の承認の3つの要素から構成されるもので，それにより組織のすべての資源の配分を監督することになる．3つの要素のうち，行動の承認は複雑な意思決定であるが，それに際してマネジャーは組織内外の状況を概念化したモデルと方向性を示すプランを自身の内に想定し，活用している．そしてマネジャーは組織の代表として他の組織との交渉が必要な場合，交渉者の役割を果たすことになる．

　サイモンの意思決定プロセスに従えば，企業家と障害処理者の役割は情報活動と設計活動にあたり，資源配分者の役割は選択活動にあたるが，交渉者としての役割はそれには含まれていない．

　こうしたマネジャーの10の役割は全体としてひとつのまとまりをもつものである．つまり，マネジャーの権限と地位によって3つの対人関係の役割が生み出されることから，マネジャーは組織内外の情報にアクセスすることが可能となり，その結果として3つの情報関係の役割がもたらされることになる．さらにこれらを通して得ることのできた情報を活用することにより，4つの意思決定の役割を果たすことが可能となるのである．意思決定にはもちろん公式の権限が必要となる．このように，マネジャーの10の役割は独立したものではなく相互に関連するものであり，それぞれが統合されることにより，マネ

ジャーとしての行動の全体像を形成していることになる．

3. マネジャーの職務

(1) アジェンダとネットワーク

　前節で述べたように，マネジャーの行動には断片的で受動的という類似した特徴がみられ，これは非能率とも思えるものであるが，実際はそうではない．コッター（Kotter, J. P.）はゼネラルマネジャーに対する調査をもとに，こうしたマネジャーに共通した特徴的行動がなぜ生じるのかについて，マネジャーがほぼ同様の方法で取り組んでいる職務の基本概念としての「アジェンダ設定」と「ネットワーク構築」に注目し，説明を行っている．

　アジェンダは財務，製品，市場，組織などの幅広い事項についての目標や計画から成り立つもので，長期（5年から20年），中期（1年から5年），短期（1年以内）といった期間ごとに描かれているものである．アジェンダは公式計画と対立するものではないが，それには含まれていない目標や計画を含むもので，公式計画と異なり大部分は文書化されることはないものの，マネジャーの行動の基盤となるものである．公式計画と比べると，アジェンダは財務上の目的では詳細さを欠くが，事業や組織面での戦略や目標に関してはより詳細となる．時間軸でみると，公式計画は3ヵ月から5年の期間に焦点を合わせているのに対して，アジェンダは1ヵ月以内の短期から5年から20年先までの長期に及ぶものである．また，公式計画は明示的で厳密かつ論理的なものであるが，アジェンダは明示的ではない目標や計画のリストから成り立っている．

　こうしたアジェンダは，マネジャーの職務に就く前に形づくられるのではなく，就任直後から開始される．事業や組織に関する知識と日々の情報をもとに，まず大まかなアジェンダが形成され，情報が蓄積されるにつれ，徐々に明確なものとなる．就任後，6ヵ月から1年はその作成に多くの時間を割き，その後はそれ程の時間を要さないものの更新が続けられる．

　マネジャーはまた，アジェンダの実現を目指した対人的なネットワークの構

築にも就任直後から注力している．すなわち，公式計画と対立するものではないが，それとは別個のアジェンダをつくり出していたのと同様に，公式の組織機構と矛盾はしないが，それとは別個のネットワークを構築しているのである．ネットワークは公式の権限関係にある人びととよりもはるかに広範囲にわたるもので，職務上依存していると思われるあらゆる人びととの間に及び，通常，数百人から数千人がネットワークに属している．このネットワーク内における個々の対人関係の強さや基盤は均質なものではなく，それぞれ新密度が異なる多様な関係にある．ネットワークを構築するに際して，アジェンダの実現にどの程度重要と思われるかによって，どのような人びととの間に協力関係を発展させるかを決定しており，ある個人やグループへの依存度が高い程，より強い対人関係を目指す傾向がある．

　コッターはゼネラルマネジャーの職務に固有の難問として，責任に関する課題と対人関係に関する課題の2つの観点を提示している．責任に関する課題は，高度の不確実性が存在する中で目標や戦略を設定したり，資源の希少性とニーズの多様性が併存する中で資源配分のバランスをとる必要に迫られたり，多様なで複雑な職務の中で問題点を明確にして解決するといったことである．これらの不確実性や複雑性が伴う課題に対処することは，公式計画だけでは困難であり，収集された情報に基づいて柔軟に更新されるアジェンダが必要となる．

　これらの職務上の責任と同様に，マネジャーの職務は対人関係においても困難を伴う．対人関係の課題は，直接的な指揮下になく，公式の権限が伴わないにもかかわらず，複数の関連部門や外部グループなど広範囲の人びとに協力を求める必要があることである．こうした状況に対処するためには，対人ネットワークを形成，発展させることが重要であり，ネットワークがなければアジェンダを実現することは困難となる．すなわち，ゼネラルマネジャーの職務そのものが，アジェンダ設定とネットワーク構築を必要としていることになる．

(2) マネジャーの日常行動をもたらす要因

コッターはマネジャーの日常行動を 12 のパターンに分類し，それらのパターンがなぜ生じるのかについて説明を行っている．もっとも，12 のパターンそのものは，マネジャーに関するミンツバーグなど，他の研究結果と大差のないものであるが，行動パターンが生じる要因を日常行動の基盤にあるアジェンダとネットワークという側面から明らかにしていることが注目される．

たとえば，「大半の時間を他の人びとと費やす」という第 1 のパターンが生じるのは，アジェンダを形成したり，更新したりするための情報を得るためにも，ネットワークを構築し発展させるためにも不可欠の要素であるからであり，職務への取り組み方と対人関係のネットワークの重要性とがもたらす結果といえる．同様に，ネットワークにはアジェンダを実施するためにマネジャーが依存するすべての人びとを含む傾向があるので，「接触する人の中には，上司，直属部下以外の多数の人びとを含む」という第 2 のパターンが生じることになる．

このようにマネジャーの日常行動をもたらす要因はアジェンダとネットワー

図表 5-1 一見非能率的な行動の能率性の良さ

ゼネラル・マネジャーのアジェンダ	→	身のまわりで次々生じる出来事の動きに対して，より広範かつ合理的な枠組みにそって物事をやっているんだと自覚しながら，そういった出来事に対して，（短時間で非常に能率よく）機会主義的に反応できる
ゼネラル・マネジャーのネットワーク	→	協力しあって仕事をしなければならない人々と非常に簡潔（かつ高度に能率的）な会話ができる
職務の性質	→	要求が非常に厳しく，ゼネラル・マネジャーとしては，時間節約的な方法を見い出さざるをえない

→ 日常行動のパターン
- 他の人々との接触時間があらかじめ詳細に計画されていることはめったにない
- 短くて脈絡のない会話が普通である
- 週平均の全勤務時間は，59 時間である

出所) Kotter, J. P., 邦訳（1984：133）

クからとらえることができ，一見非能率的とも思える断片的で受動的というマネジャーの行動もこの関係から説明されている．図表5－1は，対人接触の受動性，活動の断片化，勤務時間といった3つの日常行動パターンを説明するものである．マネジャー活動における対人接触の受動性と活動の断片化は非能率なものに思えるが，アジェンダが設定されネットワークが構築されているからこそ，能率的なものとすることができる．ゼネラルマネジャーへの要求は厳しいが，週平均の勤務時間を59時間に抑えることができるのは，アジェンダとネットワークのもとでは，受動性と断片化がもっとも有効な行動パターンとなっているからである．つまり，アジェンダが設定されているために周囲で次々と起こる出来事に対する機会主義的かつ効率的な反応が可能となり，ネットワークが構築されているおかげで，簡潔かつ能率的な会話が可能となるのである．このように，アジェンダとネットワークの相乗効果によって，マネジャーは一見非効率的な行動パターンを通して，職務の効率的な遂行が可能となるのである．

4. 新たなマネジャーの役割

近年，急速に進展する情報化とそれに伴う知識集約的サービス経済化の流れは，資源としての資本を配分する組織モデルから，知識や情報を資産とみなしてマネジメントを行う組織モデルへの移行を促している．これは企業の組織形態の転換とともに，マネジメントの役割にも変化をもたらすものである．バートレットとゴシャール（Bartlett, C. A. and S. Ghoshal）によると，こうした変化に対応し，新しいマネジメント・モデルを構築することにより成功を収めている企業には，共通したプロセスがみられるという．それは，「起業プロセス」「統合プロセス」「変革プロセス」の3つである．

起業プロセスとは，現場レベルのマネジャーの起業家精神を育成し支援するプロセスであり，現場の業務を効率的に進めるという従来の役割から，新たな機会を創造する役割への移行である．起業プロセスにおいては，現場レベルの

マネジャーが中心的役割を果たすことになるが，ミドル，トップレベルのマネジャーの役割も変化することになる．すなわち，ミドル・マネジャーは現場マネジャーを統制するのではなく，コーチとして能力の開発やイニシアチブのサポートを行う．また，トップ・マネジャーは経営資源の分散と権限の委譲を徹底した上で，広範な目標を設定することにより現場の自由度を増し，また，創造の機会を広げ業績基準を確立することにより起業プロセスを推進する役割を果たす．このように起業プロセスにおいては，マネジャーの役割と関係が再定義されることになる．

統合プロセスとは，企業内に分散している多様な資源を結びつけ優位性を生み出すことにより，既存事業を成長させるとともに新規事業への参入を容易にするプロセスのことである．起業プロセスの成果を長期にわたって活かすためには，統合プロセスにより競争力を高めることが必要となる．統合プロセスではミドル・マネジャーが中心となり，ユニット間に分散した知識やスキルなどの能力を結びつけることによりそれらを有効に機能させることになる．また，このプロセスにおいて，ミドル・マネジャーは能力を管理するのではなく，能力が発達できる環境をつくり出す役割も担う．統合プロセスも起業プロセスと同様に，他のマネジメント階層と一体となった取り組みが必要となり，現場レベルのマネジャーは業務の相互依存性を管理し，トップ・マネジャーは行動規範や価値観を制度化することによるサポートを行うことが求められる．

変革プロセスとは，企業の戦略とその背後にある前提を見直すことで，事業戦略を活性化するプロセスである．トップ・マネジメントは包括的な企業目的とビジョンを創出し，従来の前提を見直すことにより，企業を活性化し，また変革に導く．変革プロセスを主導するのはトップ・マネジメントの役割であるが，業績向上を図るのは現場レベルのマネジャーの役割であるから，現場の信用と信頼を維持することが重要な要件となる．そのため，短期的な業績と長期的なビジョンの間のギャップから現場レベルに緊張感が生じた場合，それを解消しなければならない．こうした場合に，緊張感を解消して現場に信用と信頼

を生み出し,変革プロセスのバランスを保つことが,ミドル・マネジメントの役割となる.

このようにプロセスの種類によって,その中心となるマネジャーは異なるが,各レベルのマネジャーが一体となって補完的な役割を果たすというネットワークのもとで,それぞれのプロセスが推進されることになる.図表5-2はこうしたネットワークのもとでのマネジャーの役割や職務の概略を示すものである.

以上のように,経営資源としての知識の重要性の高まりは,伝統的な階層組織からネットワーク化された新しい組織モデルをもたらす要因となっている.従来のマネジャーの役割がすべて転換されるわけではないが,組織的な知識創造を効率的に行うためのマネジャーとしての役割の変化が今後はより一層必要となるであろう.

図表5-2 マネジメントの役割・職務の変化

	現場レベル・マネジャー	ミドル・マネジャー	トップレベル・マネジャー
役割の変化	・業務遂行者から積極的な起業家へ	・管理監督者から支援型コーチへ	・戦略立案家から組織構築家へ
主な付加価値	・生産性,イノベーション,現場ユニット内の成長にフォーカスして,事業の業績を高める	・サポートや調整を行い,独立した現場ユニットに大企業のメリットをもたらす	・組織に方向性,コミットメント,挑戦を醸成する
主な活動と職務	・新しい事業成長機会を創出し,追及する ・資源と能力を引き付け,開発する ・ユニット内での継続的な業績向上を図る	・個人の能力開発を行い,活動を支援する ・ユニットに分散している知識,スキル,ベスト・プラクティスを結びつける ・短期の業績と長期のビジョンとの間の緊張感を管理する	・大前提を見直す一方で,ストレッチした機会と業績基準を確立する ・規範,価値観を制度化し,協力と信頼を支える ・包括的な企業目的とビジョンを創造する

出所)Bartlett, C. A. and S. Ghoshal, 邦訳(1999:197)

演・習・問・題

問1 マネジメントの階層(トップ・マネジメント,ミドル・マネジメント,ロワー・マネジメント)によって意思決定にはどのような違いがあるかを述べなさい.

問2 (マネジャー行動に断片的かつ受動的といった特徴がみられる要因を)マネジャーの職務との関連から説明しなさい.

問3 従来型の組織モデルの転換は,マネジメントの役割にどのような変化をもたらしうるかについて,マネジメントの階層ごとに考えてみなさい.

参考文献

Bartlett, C. A. and S. Ghoshal (1997) *The Individualized Corporation,* HarperCollins Publishers, Inc.(グロービス・マネジメント・インスティチュート訳『個を活かす企業』ダイヤモンド社,1999年)

Collins, J. and J. I. Porras (1994) *Built to Last,* New York:Curtis Brown.(山岡洋一訳『ビジョナリーカンパニー』日経BP出版センター,1995年)

Kotter, J. P. (1982) *The General Managers,* Free Press.(金井壽宏ほか訳『変革するリーダーシップ』ダイヤモンド社,1984年)

Kotter, J. P. (1985) *Power and Influence,* Free Press.(加護野忠男・谷光太郎訳『パワーとリーダーシップ』ダイヤモンド社,1990年)

Kotter, J. P. (1999) *On What Leaders Really Do,* President Fellows of Harvard College.(黒田由貴子監訳『リーダーシップ論』ダイヤモンド社,1999年)

Mintzberg, H. (1973) *The Nature of Managerial Work,* HarperCollins Publishers, Inc.(奥村哲史・須貝栄訳『マネジャーの仕事』白桃書房,1993年)

Peters, T. J. and R. H. Waterman (1982) *In Search of Excellence,* Harper & Row.(大前研一訳『エクセレント・カンパニー』講談社,1986年)

Simon, H. A. (1977) *The New Science of Management Decision,* Prentice-Hall.(稲葉元吉・倉井武夫訳『意思決定の科学』産業能率大学出版部,1979年)

梶原豊(2002)『人的資源管理論』同友館

金井壽宏(1991)『変革型ミドルの探求』白桃書房

高木晴夫(1995)『ネットワークリーダーシップ』日科技連

─《 推薦図書 》─

1. 金井壽宏（1991）『変革型ミドルの探求』白桃書房
   大規模な調査をもとに，変革型の管理者行動に焦点をあてた考察した専門書．

2. Kotter, J. P. (1982) *The General Managers*, New York : The Free Press. (金井壽宏他訳『ザ・ゼネラル・マネジャー』ダイヤモンド社，1984年)
   ゼネラリストの行動パターンとその背景を中心に体系的に考察．

3. Bartlett, C. A. and S. Ghoshal (1997) *The Individualized Corporation*, HarperCollins Publishers, Inc.（グロービス・マネジメント・インスティチュート訳『個を活かす企業』ダイヤモンド社，1999年）
   組織モデルの転換に応じたマネジメントの役割と関係の変化を論じている．

4. 船川淳志（2003年）『グローバルマネジャー読本』日本経済新聞社
   グローバルビジネスにおける個人と組織を文化との関係からとらえている入門書．

5. Mintzberg, H. (1973) *The Nature of Managerial Work*, HarperCollins Publishers, Inc.（奥村哲史・須貝栄訳『マネジャーの仕事』白桃書房，1993年）
   トップ・マネジャーの具体的な行動と役割について詳細な研究書．

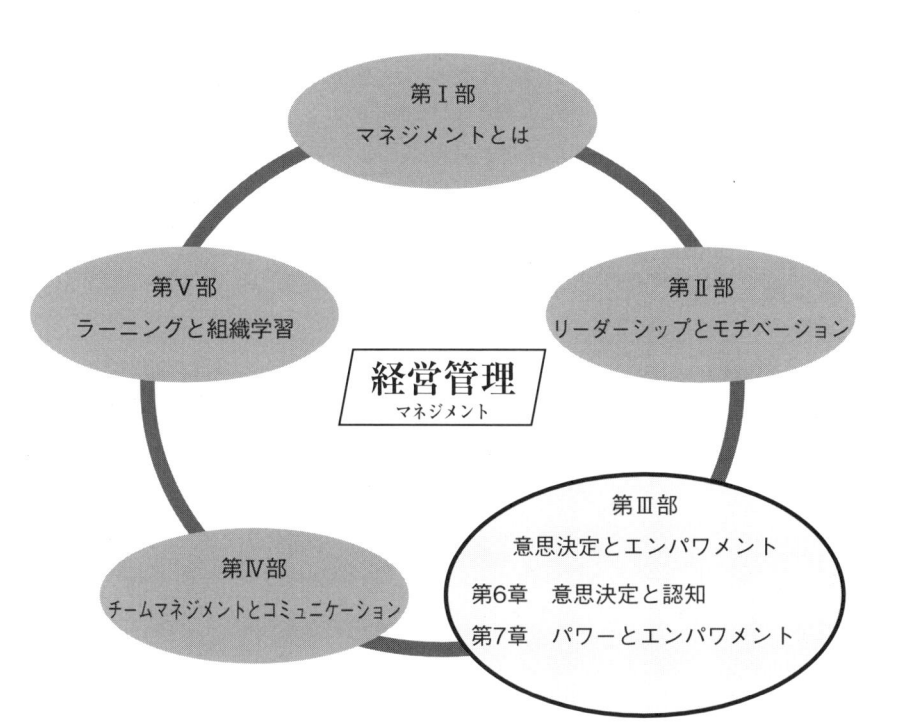

第Ⅲ部
意思決定とエンパワメント

- 第Ⅰ部 マネジメントとは
- 第Ⅱ部 リーダーシップとモチベーション
- 第Ⅲ部 意思決定とエンパワメント
  - 第6章 意思決定と認知
  - 第7章 パワーとエンパワメント
- 第Ⅳ部 チームマネジメントとコミュニケーション
- 第Ⅴ部 ラーニングと組織学習

経営管理
マネジメント

第6章の要約

　本章では,「管理」を正面からとりあげる. 管理を, 自分もしくは組織の望むような行動へ他人を導き, 実行させること, または「ものごとをなさしめる技法」としてとらえ, 主に3つのタイプの管理手法についてそれぞれ概観する. まず, テイラーを代表とする人間の行動を管理の対象とする直接的管理を, 次にサイモンを代表とする行動前の意思決定段階を管理の対象とする意思決定過程の管理を, そして最後にワイク等に代表される人間の認知を管理対象とする認知前提のコントロールを, 具体的な事例もふまえて考察する. 管理は時代とともにその対象とスタイルをいちじるしく変化させてきた. そうした変化の必要性と必然性はどのようなものであったかを念頭に置きながら検討する.

第6章 意思決定と認知

1. 管理のプラス，マイナスイメージ

　自分が他人を管理する，ということについてどれだけ真剣に考えてみたことがあるだろうか？　これまで管理という仕事に携わったことのない人からは，「そんな管理なんてとんでもない」とか，「自分ではとてもとても」といった返答が予想される．それならまだしも，実際に日々管理業務に携わっている管理職の方々からもまとまった，体系だった答はあまり期待できそうもない．「自分は『管理』などというつもりで部下に接しているつもりはない」とか，「そんな大仰な」など．もしくは，「経験とコミュニケーションがすべてですね」といった回答が返ってくるかもしれない．この「管理」という言葉，日本ではかなりネガティブな意味合いでとられる場合が多いし，また，きわめてしんどい，もしくはしんどそうなイメージを喚起させもする．それは，なぜだろうか．いったいいつから管理はそれほどネガティブな言葉になってしまったのだろう．きわめて重要な職務であり，また現代社会では常に身近にある活動であるのに．
　たとえば，あなたが専業主婦であり，もっとも管理とは縁遠い存在として自分を位置づけていたとしても，念願だった新築マンションを購入すれば管理組合を立ち上げ住人全員で資産価値を維持するため努力しなければならないし，子どもが学校へ通うようになれば父兄でさまざまな活動を企画・運営することが求められる．たとえあなたが20歳の大学生であったとしても，3年生ともなれば部やサークル活動の中核として活動をまとめあげ，目にみえる成果を出すと同時に新入生の育成や伝統の引き継ぎに配慮しなければならない．コンビニでのバイト活動に精を出せば，その働きが認められ，もしかしたら夜間営業の責任者として店舗全体のマネジメントに精通することが求められないとも限らない．その上，10年も経てば，企業で何らかの管理職に就いている可能性はきわめて高い．現代社会で管理と無縁の生活を送ることはほぼ不可能に近いし，たとえ直接的に関与しなくとも，現代の消費社会そのものが近代的な管理なく

して成立しえないものであることを考えれば，誰もが管理の恩恵を受けると同時に，その弊害をも蒙っていると考えることができる．本章では自分と密接に関係あるものとして管理について検討してほしい．

2. 直接的管理

では，あなたが管理者になったとして，管理の具体的なシーンについて考えてみたい．管理（administration）とは端的にいってしまえば，自分もしくは組織の望むような行動へ他人を導き，実行させることに他ならない．またサイモンの言葉をかりれば，それはものごとをなさしめる技法（the art of "getting things done"）である．それを可能にするもっとも簡単な方法は何だろうか．おそらく，被管理者の身辺に待機し，その行動を直接管理すること，つまり監督（superintendence：原義としては「意志を課す」を意味する）という手法だろう．監督というと，現在ではその肩書きをもっている人はきわめて少なくなってしまったが，映画，もしくは野球やサッカーのようなスポーツ競技における責任者を連想させるのではないだろうか．彼らに共通しているのは，常に管理する対象の人間の身辺に位置し，可能な限りその一挙手一投足にまで目を光らせていることだ．それはまた各種建設現場における監督業務とも共通している．他人を自分もしくは組織の命ずるところに忠実に従わせたければ，その行動を直接的に監視し指導すること，これこそもっとも確実な手法であることは間違いない．組織メンバーの目に見える行動を相手にも目に見える形で管理すること．おそらく人間が歴史を持ち始めて以来，もっとも古典的な管理形態といえるだろう．

こうした監督による管理をより有効ならしめるためのもうひとつの手法が「経営管理の父」ともよばれるテイラー（Taylor, F. W.）によって考案された課業による管理，すなわち課業管理（task management）である．課業とは，「公平な一日の作業量であり，労働者が一定の労働時間内で達成すべき作業量」のことである．そして課業管理とは，朝起きて職場に着いたとき，すべての労働

者に対して今日一日でなすべき仕事の量と種類のみならず，その仕事を達成する時間とやり方まで管理者が決めておくことである．ここで重要なのが公平性で，ＡさんとＢさんとでなすべき仕事の量や，作業条件が違っては，当然，成果にも差が出てしまう．成果の差は給与の差に直結し，それでは不公平感の発生を免れず，結果，仕事に対する意欲も湧いてこない．そこで，テイラーは，それぞれの課業を設定するとき，その設定に際しては厳密な科学的手法を用いることによって，ひとりとして不公平感を抱くことなく作業できるよう，管理者は心配りせねばならないと厳しく言明していた（このために彼の考案した管理手法は科学的管理法とよばれることになる）．

この監督という管理手法と課業管理が結びつくとき，きわめて厳格な管理の仕組みがもたらされる．管理される側にはほとんど自由意思を働かせる余地はなく，決められた仕事を決められた時間内で，しかも決められた仕方でひたすら処理していくことが求められた（もっともその代わりに，決められた仕事を効率的に達成しえた労働者にはその働きに応じた高賃金が支払われた）．

しかしながら，この管理手法には確実性という利点があるものの，いくつもの大きな欠点が存在する．120年も前にテイラーが提唱した管理手法はまさに革命的で，その発想のいくつかは現代の最先端の企業でも依然として精緻化され活用され続けている一方，残りのいくつかは実現しなかった，もしくは実現されても採算が合わないとして捨て去られている．後者のケースの最たるものが，職能的職長組織というもので，簡潔にいえば監督にあたる職長の役割を分業し専門化させようということだ．たとえば，職長Ａさんは労働者が仕事につく前の段取りもしくは準備にだけ責任をもち実行すること．職長Ｂさんは労働者が実際に働いているときの作業速度を計測することに専念していればよいということである．この調子で監督者を専門ごとに何人も増やしていく．そうなれば当然，労働者よりも監督者の数のほうが多いという，かなり皮肉かつ不経済な状況が現実化することになってしまう．とても採用しえる話ではない．

さらにいえば，たとえ監督者を専門化させることなく，できうる限り少人数

に抑えたとしても，実は監督という直接的管理手法そのものが不経済なのである．たとえば自動車工場のようなラインに大勢の組立工が張り付いているような状況であれば，監督者ひとりで相当な人数の労働者を管理することができよう（行動は目にみえ，トラブルやまずい仕事のやり方がわかれば即座にその場で対応できる）．しかし，もしこれが1支店当たり3，4人で営業している全国規模の銀行チェーンであればどうだろうか．支店ごとに監督者を置き，その者が一日中，行員一人ひとりの一挙手一投足を監視しているわけにはいかないだろう．支店が増えるごとに管理者の人数も増えていき，総コストに占める管理費用は看過できないレベルになってしまう．ましてや，1支店にひとりしか配置できないキオスクはどうすればよいのか．作業場所が固定していないセールスやサービス業の場合，まさか監督者が随伴するわけにもいかないだろう．さらに産業の情報化や知識化が進展するにともない，作業者の行動面だけをみていても，そもそもどのような仕事をしているのか，その処理ペースは妥当なものかどうかさえ判然としない仕事が増えている（コンピュータ・プログラマーの仕事ぶりを眺めていたところで彼／彼女が何を行っているのか正確に判別するのはその専門職でない限り難しい）．仕事の種類が多様化し複雑になればなるほど，また仕事の活動範囲が広がれば広がるほど，直接的管理という手法は困難になり，ますます不経済になっていく．限界だらけなのである．

　かつて自動車会社はすぐれた製品の開発と生産にのみ専念していればそれでよかった．しかし今では，信頼できる小売りのネットワークを構築し，低所得者でも購入できるようにローンの仕組みと組織を整備し，排ガスが引き起こす環境破壊，廃車の際の廃棄物処理にまで責任をもたなければならなくなった．どこのメーカーの製品も国内はもとよりほぼ全世界で製品が購入されるようになる．そうなれば当然，修理や車検時のサービス，リコールに対応できるだけの最低限のネットワークを世界的に構築しなければならない．管理を監督という手法でまかないきれるだろうか．当然不可能だ．企業はますます複雑になっていく事業に伴い管理の手法も平行して発達させてきた．そうでなければ現在

の多様かつ世界的な企業群は存在しえなかっただろう．そうした次代の管理手法をもっともうまく理論化し説明づけたのがサイモン（Simon, H. A.）の組織の意思決定理論である．

3. 意思決定とは

　前節で説明された直接的管理の対象となるもの，それは人間の行動だった．目にみえる行動を監視し，そこに働きかけることで確実に効率を高めていこうという至極わかりやすい発想である．そして，行動を直接的な管理対象とする限り，先にみた限界が必ず生じてしまうことも判明した．そこで，こう考えてみる．人間は行動する前に必ずあるひとつのステップを踏まえているはずだと．もし，行動前に介在するそのステップをある程度までコントロールすることができれば直接的管理の限界を超えることができるかもしれない．行動の前に介在するステップとは，人間が意識的ないし半意識的に下す意思決定（decision-making）というプロセスである．

　われわれは日々の生活の中で常に無数の意思決定を繰り返し行い，生きている．たとえば，携帯電話を購入する場合について考えてみよう．携帯電話の選択ひとつとってみても，まずどこのメーカーのどの機種にすればいいか，どの電話会社のどの料金プランにするかなど，その選択肢は果てしなく存在する．その膨大な選択肢の数は購入者をしばし呆然とさせてしまうほどであることは誰もが一度は経験し感じたことではないだろうか．しかし，必要性と時間的制約からどこかで人はこのやっかいな選択（もちろん人によっては非常に楽しみな選択であることも多い）に決着をつけなければならない．こうした人間の意思決定活動に着目したサイモンの分析によると，意思決定をめぐる一連の作業は次の4つの局面から成立していることになる（Simon, H. A., 1977）．

① 情報活動——意思決定が必要となる条件を見きわめるため環境を探索すること．
② 設計活動——可能な行為の代替案を発見し，開発し，分析すること．

③ 選択活動——利用可能な行為の代替案のうちから，ある特定のものを選択すること．

④ 再検討活動——過去の選択を再検討すること．

意思決定とはこの4つの局面が順次展開してゆく一連のプロセスを指し，ひとつの意思決定活動が終了したならばまた再度，新たな情報活動へと立ち戻る循環現象でもある．この意思決定プロセスを先の携帯電話の選択に当てはめてみよう．まず，自分がそもそも携帯電話を買う必要があるかどうかを探る時点から意思決定プロセスは始まっている．周囲にいる友人の多くが持ち始めたり，あるいは携帯電話に対する両親の態度が軟化し始めるといったいくつかの徴候に気づいたとき，そろそろ自分も購入してもいいのではないか，また購入する必要があると感じ始める．そして購入に向けある程度の筋道がたったとき，人は積極的に携帯電話に関する最新の情報を収集し始める．それは店頭でのコミュニケーションやパンフレットの収集，テレビCMの意識的なチェック，友人からの助言，インターネット上に展開する膨大な書き込みのチェック等々である．情報の収集がある程度納得できるレベルまでなされたら，次には具体的な選択肢の開発に取り組むことになる．市場でナンバーワンのシェアを保ち続けてきた通信会社にするか，それとも最近追い上げの激しい二番手企業か．お得なコースに自分は申し込める資格があるかどうか．ある通信会社に決めてしまった後で自分の好みの端末があるかどうか．コースや端末，主要な友人・知人もしくは家族の所有している携帯の種類といったさまざまな要素を組み替え，いくつかの主要な選択肢（代替案）が作り上げられることになる．そして最終的にその選択肢の中からひとつが選び取られる．意思決定というとここまでの流れがとかく強調されがちだが，選択がなされた後の再検討活動もまた決して看過することのできない重要な局面である．人は可能な限り合理的であろうとするので，仮に自分の選び取った料金プランが自分の携帯の使用パターンとうまく合致せず，無料通話分を毎月かなり無駄にしていることがわかれば即座に料金プランの変更を通信会社に申し込むだろう．そうした選択後の再検討

がまた新たな情報活動につながっていくこともあり，携帯電話に関する意思決定のプロセスは一定の間隔を置きながらも循環し続けることになる．もっとも，この4つの局面が必ずしも順序よく一つひとつ展開する必然性はない．たとえば，ある非常にデザインの優れた製品に一目惚れして購入してしまうこともあるだろうし，またパケット定額制や学割といった画期的サービスが開発されれば，即座にそのサービス目当てに別の通信会社に乗り換えることも十分ありうる（こうした場合，情報活動と設計活動にはほとんど労力が払われずに選択がなされることになる）．

以上が意思決定活動のあらましだが，人間が行動以前に必ず行っているこのような意思決定に着目し，その概念を管理組織に適用することによって，初めて組織の仕組みや管理について新しい考え方がもたらされることになる．

4. 意思決定と管理組織

(1) サイモンの意思決定論

こうした意思決定活動が他人を管理するということに密接な関係をもっている理由についてあらためて考えてみたい．そのためにまず，管理研究においてはじめて本格的に意思決定を分析の焦点にすえたサイモンの考え方を簡潔に要約してみよう（Simon, 1976）．

第1に，サイモンにあって，管理過程とは意思決定過程そのものである．先に直接的管理の限界ということについて説明した．監督という管理手法はある一定の限られた条件下では非常に有効ではあるが，しかしたとえば組織メンバーが物理的に広範囲に分布していたり，より知的な作業に重きが置かれる職務では多くの限界を有している．しかし，もし管理すべき対象を行動から，その前段階である意思決定に移したとしたら，それら諸々の限界を超え出ることが可能だ．たとえ，管理対象の人員が広範囲に分布し，直接監督できなくとも，事前に課された条件に基づいて意思決定を下してくれさえすれば組織として統一した行動を確保することができる．何も逐一行動を観察し，手取り足取り指

導する必要はない．行動を導く意思決定にうまく働きかけることさえできれば，結果的に望ましい行動を得ることができる．このことはテイラーが脱することができなかった行動の次元を超えたことを意味する．

　第2に，管理組織内の個人の行動，ひいてはその行動を導く意思決定の多くは合目的（purposive）である．つまり，人は可能な限り合理的に判断し行動しようとするので，具体的な行動を促す目標（goal）を共有できれば統制のとれた組織的行動が可能になる．たとえば，世界でもっとも温室効果ガスの排出量が少ない自動車を作る，といった目標が組織メンバー間で共有されれば，その目標に向けメンバーは各々の仕事に取り組み始めるだろう．多くの場合，組織を立ち上げた人間，つまり起業家と呼ばれる人たちや，もしくは既存の組織の中で新たなプロジェクトを立ち上げたプロジェクト・リーダーが組織目標の設定者であることが多い．地球環境に配慮した自動車をひとりで作り上げようとしてもそれは間違いなく不可能で，個人の能力の限界を超えている．自分の夢や目標を実現しようとしても，その多くは現代社会においてはもはやひとりではなしえないものであることが多い．そこで，他者にも同じ目標を共有してもらい，自分の望む行動をとってもらわなければならない．ここに「管理」の必要性が生じるわけだが，その管理も他者が共通の目標を明確に自覚し，その達成に向けて適切な行動をとってくれれば目標の発案者が他者の行動を逐一観察し監督する必要はなくなる．目標はひとりではなしえない事業に取り組んでいる複数のメンバーを結びつけ，ひとつのまとまった組織的行動を確保するためになくてはならない「接着剤」というわけだ．

　第3に，この合目的性によってメンバー間で行動の統合が達成され管理活動は可能になるが，合目的性という概念には決定の階層（hierarchy），すなわち，手段—目標の連鎖（means-end chain）からなる階層というアイデアが含まれる．仮に，環境に配慮した自動車づくりを組織の目標として共有できたのなら，次にはその目標を分解し，一人ひとりの能力でカバーできる具体的な作業目標にまで落とし込まなければならない．たとえば，大まかに設計と製造，研究開発

という3つの下位目標——この下位目標は上位目標からみて手段とよばれる——を新たに設定してみる．そして，その設計という下位目標にもさらに下位の目標が，たとえばエンジンの設計，シャーシの設計，駆動系の設計といったように上位の「設計」という目標を達成するための各手段が派生することになる．通常，組織はこうした手段—目標の連鎖にちょうど合致するように組織構成を組み立てているものである．設計全体を統括する責任者として設計部長を置き，その下位目標（手段）であるエンジンの設計の責任者としては第一設計課の課長を置くといったようにである．そして，さらにその下にエンジン内のピストンを担当するグループ，点火プラグを扱うグループと手段—目標の連鎖は樹木の根のように順次細分化してゆく．組織はこのように目標とそれに連なる手段を細分化させ，それぞれの手段ごとに適した人材を配置し，それぞれの人員が共通の目標を達成すべく意思決定を下し行動を調整し合うとき，まさに理想的な統合された組織としての姿を現すことになる．

(2) 目標管理

　最上位の目標を頂点として順次下位目標を設定し，組織メンバーに割り当てていくことで組織の統一性を確保しようとする管理手法を明確に定式化し実行しているのが一般にいわれる目標管理（MBO：Management by Objectives）である（図表6－1参照）．それはトップ・マネジメントが決定した全社レベルの目標を，部から課へと一階層ずつ分解しながら落としていき（これを目標のブレイクダウンとよぶ），最終的には末端の従業員の具体的な目標にまでつなげていくことを意図して構想された労務管理上のツールである．これによって，組織の最下層に位置する末端の従業員も会社内での自分のポジションと役割を明確に意識化でき，さらには自分の働きが会社の業績と直結・連動していることを感じ取れるので，個々の従業員の会社への一体感を高め，仕事に対するモチベーションの向上もはかれると考えられている．

　こうした組織像，すなわち組織全体の目標の下，全メンバーが統合された行

図表6－1　手段―目的の階層図

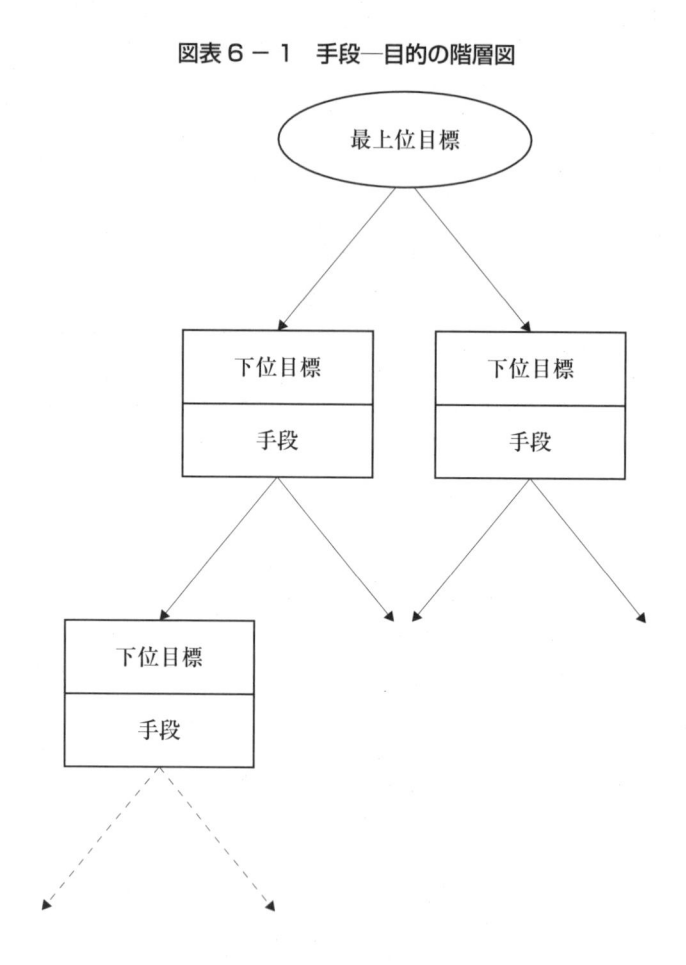

```
              最上位目標
             /         \
        下位目標         下位目標
         手段             手段
        /    \          /    \
   下位目標
    手段
   /    \
```

動をとる組織像にもっとも近い現実の組織としては軍隊およびカトリック教会をあげることができる．両組織ともに明確な共通目標とそれを達成するための整然とした階層組織を有し，それによって統一された行動が一貫して生み出されてきた．サイモン博士の組織と管理に関する考え方は，人間が有史以来ずっと採用し続けてきた組織を意思決定という視点からあらためてとらえ直してみたものといえるだろう．

5. 認　知

（1）意思決定前提と認知

　しかし目標管理が企業活動のすべての領域でうまくいくわけではない．目標管理がうまく機能しない理由にはさまざまあるが，主な理由として次のようなものが考えられる．まず，あらゆる領域のあらゆる事態に対処できるだけの目標をあらかじめ設定しておくことはできないということ．事前に想定もしていなかった事態が突然出来したときには，判断基準となるべき目標もまた存在しない．第2に，上位目標を下位目標に分割し，具体的な目標にまで落とし込んでいくことが困難な場合がある．最上位の目標があまりに漠然としていたり，あまりに普遍的ないし理念的なものにとどまっているとき，それを具体的な行動指針にまで落とし込み達成基準のような数値目標を設定することが不可能なことがある．第3に，一人ひとりの目標が定まっていた場合でも，その目標を達成するための選択肢にかなり選択の幅が残されているときがある．このとき，最終的な結果（目標の達成）さえ上げていればいいという風潮が高まり，目標こそ達成されてはいるものの，組織としての統一性や一体感が失われるという事態が起こりうる．第4に，人は常に単一の目標に従って行動しているわけではなく，複数の目標をもち，どうにか目標相互間で折り合いをつけながら行動しているというのが常態である．目標間で優先順位をつけたり，時間を割り振ったりすることでこうした事態に対処しうる場合もありうるが，しかし事態がより複雑になったり，突発的な事象が生じたときにどの目標を優先すべきなのか判断に非常に迷うときがある．先に，組織メンバーの行動を導く意思決定にうまく働きかけることさえできれば，結果的に望ましい行動を得ることができるので管理者は意思決定を統制できればそれでよいと述べたが，しかし従業員の意思決定を統制することはそう容易に，理論どおりにはいかないことも多い．

　であればこそ，ここで意思決定理論を提唱したサイモンの論述にあらためて

第6章 意思決定と認知

立ち戻ってみたい．サイモンは意思決定を4つの局面からなるものと定義していたが，それを「諸前提から結論を引き出す」過程とも見なしていた．そしてもっとも重要なことは，サイモンがそもそも管理すべき対象と見なしていたのは意思決定の過程そのものではなく，その前提であったという点である．前提（premise）とは，意思決定の結論が依拠している諸々の事実や命題，そして価値観のことをさす．人は意思決定過程を経てひとつの選択を下すまでにさまざまな判断の基準を用いる．その最たるものが目標であったわけだが，しかし目標の他にも結論を引き出すのに依拠される諸要素が存在する．たとえば，情報のチャネルや量，そしてその内容があげられる．人は意思決定の第一段階で情報を集める．その際のコミュニケーションのチャネルと量をある程度まで統制できれば（たとえば，ある問題の解決には必ず直属の上司と同僚からの意見を聞き入れるよう定めておいたり，逆に他課の人間とは意識的に接触させないなど），管理者は結果として望ましい行動を得られるだろう．また，その情報を勘案する際に，ある情報源の権威を高めておけば，当然，他のチャネルから得られた情報よりも決定時に考慮される可能性は高まる．意思決定を下す際の論拠となり，決定の過程に大きな影響を及ぼすものとしてはこれらコミュニケーションに関わる諸々の規制や方策の他にも，組織内のルールやプログラムなども考えられる．

そして，こうした意思決定前提の中でももっとも注目に値するものが人間の認知的ないし意味的な前提である．そもそも意思決定活動の第一段階である情報活動ではコミュニケーションを通じて環境が探索されると論じられた．確かに，人は自分を取り囲む環境（あるいは世界といってもいい）からさまざまな刺激や情報を取り入れ，思考をめぐらし，何らかの判断を下した上で外界への適応をはかる．しかし，人は環境から刺激や情報をそのまま受け入れるわけではない．人と環境の間には常に，意味（meaning）というひとつの層が介在している．「人間は，ものごとが自分に対してもつ意味にのっとって，そのものごとに対して行為する」ということである（Blumer, H., 1969）．人は環境内の

事実を単に事実として受け入れるわけではなく，その事実を何らかの価値観に基づき解釈し，判断する．たとえば，「いま我々の直面している市場は非常に厳しい」とか，「顧客の財布の紐がようやく緩くなってきた」「競合企業はいま非常に勢いづいている」などと表現されるとき，そこには単なる事実だけでなく，自らの経験や蓄積，そして価値観に基づいた推論，憶測，期待などもまた含まれている．このように，人が環境に直面し，情報をフィルタリングする際に半意識的に働いているものの見方を総称して認知（cognition）とよぶ．もし，組織メンバーのこうしたものの見方，すなわち認知に働きかけ，全員が同じようなとまではいかないまでも，かなり類似した認知を共有し合えれば組織内でのコミュニケーションはきわめて円滑に働き，意見の集約を迅速にはかれ，すぐれた行動力を獲得できる可能性は高まるだろう．

(2) 認知の構成要素

　組織メンバーの認知を形成する構成要素として主要なものを2つあげてみよう．ひとつは，自らの環境に対して組織が有する大局観ないし全体像だ．組織は各々が配置されている産業内・社会内のポジションに応じてそれぞれ独自の世界観（world view）を形成する．それはとくにその組織が携わっているビジネスの種類や範囲，そして職務やミッションと深い関わりをもつ．たとえば，自らがある消防署の署長だと仮定してみる．ひとつの消防署を運営していくにあたって，最近のティーン・エイジャーの嗜好や株式市場の動向，自国の経常収支や国政選挙の趨勢について関心や知識をもつ必要性は低い．逆にそうした事柄に対し過剰な関心を抱き過ぎれば肝心の職務の遂行が覚束なくなるだろう．つまり，「もし消防署長が，人間的価値の全分野にわたって，あれこれ考えること――消防車よりも公園がより重要であると決め，その結果，彼の消防部門をレクリエーション部門に変えること――が許されるならば，混乱が組織に取って代わり，責任は消滅するであろう」ということだ（Simon, 1976）．綺麗事を排していえば，業務に支障をきたすようなこと，すなわち余計なことにま

で立ち入ってほしくないというのが組織側の偽らざるロジックだ．通常，消防士は消防活動という自らの職務と深く関わる範囲内に注意を限定し，認知を高度に複雑化するものだし，それと同様に，ジーンズメーカーの社員にとっては最近のティーン・エイジャーの嗜好が最重要な認知の対象であり，その動向には細心の注意を払い，常に大局観をもっていなければならない．組織独自の世界観はある情報や知識，事象が自らと関わりをもちうるか否かを判別する際の基底となるのである．そして，情報活動はこの世界観での半意識的なふるい分けの後に始動し，自らに関連あるものと判断された情報だけが探索され意識上に昇ることとなる．

　もうひとつ重要な認知の構成要素は組織の自己像（self view）である（組織アイデンティティと言い換えても良い）．環境のどの領域ないし分野が自分にとって関連あるものかを決めるためにはまずもって自分たちが何者であるのか，つまり自己像が何ほどか定まっていなければならない．メンバーが自らを「トラック運転手」として定義している運送会社の社員と，「セールス・ドライバー」として定義している運送会社の社員とでは，おのずと重視する環境範囲は異なってくるであろうし，探索する情報の種類も異なり，結果的に行動の様態さえも変化してくるだろう．すべての会社がそうであるわけではないが，ある特定の会社は自社のメンバーに対し自分たちが何者であるかをかなり積極的に定義づけている．もしそれがうまく機能すれば，メンバーがその自己像に沿う形で自らの環境をとらえ，反応する可能性は高い．組織が形成する世界観と自己像はまるで合わせ鏡のように互いに反映し合い，影響し合い，形成し合う．

　たとえば，世界有数のスポーツメーカーであるナイキについて考えてみよう．ナイキのミッションは，「世界中全てのアスリートにインスピレーションとイノベーションを提供すること」であり，そしてこのミッションはオレゴン大学の伝説の陸上コーチ，ビル・バウワーマンというナイキ創設期のヒーローの実人生によく体現されている．ナイキの社員はこうした明確なミッションと，そのミッションを体現したヒーローの人生にある程度まで共感し，その価値観を

自身のものとする．全世界のアスリートにインスピレーションとイノベーションを与え続ける者として自分を定義し，その自己像にのっとって自らの環境に関わっていくだろう．結果，他のスポーツメーカーとは異なった世界観と自己像に基づく製品やサービスを提供しうることになる．

(3) 認知前提のコントロール

　社会学者であるペロー（Perrow, C.）は，こうしたメンバーの認知を対象とした管理側からの働きかけを目立たないコントロール（unobtrusive control）とよんだ．たしかにそれは行動や意思決定に対する働きかけ以上に目にみえにくく，また自分が管理されていると認識しづらい種類のものであることは間違いない．そして，この認知のコントロールがうまく機能すれば，組織メンバーの刺激と選択肢の幅をより自発的に制限させることが可能になり，組織全体の統一感やメンバー間での一体感を高めることが可能になる．

　このような認知前提のコントロールはナイキに限らず実際に多くの企業で実施されてきたし，現在も盛んに行われている．もっとも草分け的な企業としてはIBMがある．IBMは20世紀前半にトーマス・ワトソン・シニアがCEOに就任して以来，一貫して3つの基本的信条——①個人の尊重，②最善のカスタマー・サービス，③完全性の追及——をそのメンバーの職務上の信条とさせ，IBMの一員である限りその信条に沿う行動をとるよう厳格に義務づけてきた．IBMはこの信条を従業員の認知前提として深く浸透させるために，信条を現場で実践したヒーローの物語（英雄譚）を称揚し，さまざまなスローガンや社歌，イベントや儀式を作り上げ，ついにはより体系的に社員を教化するための学校まで設置した徹底ぶりであった．

　また他にも，世界的な優良企業として名高い企業群，たとえば3M，アメリカン・エキスプレス，ボーイング，ジョンソン＆ジョンソン，ウォルマートなどにもこうした目立たないコントロールは共通してみられ，それら各企業独自の価値観や信条が従業員の中に深く根付いている様子がコリンズとポラス

第6章 意思決定と認知

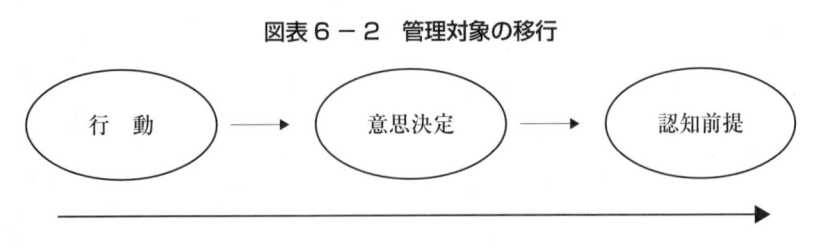

図表6-2 管理対象の移行

行　動　→　意思決定　→　認知前提

管理の対象はより抽象的で目立たないものへ

(Collins, J. and J. Porras, 1994) によって詳細に報告されている．コリンズとポラスはその様子をまるでカルトのような文化 (cult-like cultures) とよんだ．この「カルトのような」という言葉にこの種のコントロールが目立たないコントロールとよばれる所以がよく表れている．会社の信条やミッションを自分のものとしているメンバーにとっては誰に強制されるでもなく，むしろ自ら積極的に選び取ったものとして会社の価値観と自分を同一化していることが多いからだ（そして，そうでなければこのコントロール手法は成立しない）．

　この認知にまで達して，再び管理の対象が決定的に移行したことに注意されたい．最初に人間の行動が，次にその行動の前段階にある意思決定が，そして今度はその意思決定の前提，つまり認知が管理対象として考えられているのである．経営管理の歴史は，人間の行動を突き動かすより根元的な要素へ関心を移行させてきたといえるだろう（図6-2参照）．

　経済の情報化と知識化が爆発的に進展していくに伴い，組織もまたその劇的な変化に対応すべく製品やサービスをより多様かつ複雑にせざるをえなかった．メンバーは世界中に広く分散し，その職務は観察しづらく，より知的なものへと移行した．それに伴い管理の手法もまた時代に見合ったものへと変化するよう求められた．メンバーのより自律的でスピーディな判断と対応の必要な仕事が増えている今，個々人の認知前提に会社の意思を反映させることで組織としての統一性と一貫性を維持しようとの考え方は，現代の経済社会に欠かせない

ものである．もっとも，こうした個人の認知の領域にまで企業が積極的に介入してくること，つまり認知の管理化ということに対してひどく違和感や反発を覚える人がいるかもしれない．とはいえ，現代社会は個人ではもはや対処しきれないほどの情報や知識が飛び交い，複数の価値観や信条が併存している．安定したものの見方や世界観を手に入れることがもっとも困難な時代ともいえよう．そうした時代状況において，安定した価値観，絶対的な信条を提供してくれる企業があれば，その企業に深い認知的レベルまで依拠する傾向が出てくるのはひとつの必然であるといえるかもしれない．

演・習・問・題

問1 テイラーが提唱した課業管理を現代でもっとも忠実に実行している産業ないし企業をあげよ．

問2 組織における意思決定が硬直化し，真新しい決定が下されなくなる場合があるが，そうした事態をもたらす理由について考察せよ．

問3 組織が自身のミッションや価値観を明確に提示し，その実行をメンバーに求めるとき，もっとも気をつけるべき点は何か，答えなさい．

参考文献

Blumer, H. (1969) *Symbolic interactionism : Perspective and method*, Englewood Cliffs, NJ : Prentice Hall.（後藤将之訳『シンボリック相互作用論』勁草書房，1991年）

Collins, J. and J. Porras (1994) *Built to last*, New York : Harper Collins Publishers.（山岡洋一訳『ビジョナリー・カンパニー』日経BP社，1995年）

Perrow, C. (1986) *Complex organizations*, 3rd ed., New York : Random House.

Simon, H. A. (1976) *Administrative behavior*, 3rd ed., New York : Free Press.（松田武彦・高柳暁・二村敏子訳『経営行動』ダイヤモンド社，1989年）

Simon, H. A. (1977) *The new science of management decision*, Englewood Cliffs, NJ : Prentice Hall.（稲葉元吉・倉井武夫訳『意思決定の科学』産業能率大学出版部，1979年）

Taylor, F. W. (1911) *The principles of scientific management*, New York：Harper Brothers.（上野陽一訳編『科学的管理法（新版）』産業能率大学出版部，1969 年）

Weick, K. E. (1979) *The social psychology of organizing*, 2nd ed., Reading, MA：Addison-Wesley.（遠田雄志訳『組織化の社会心理学』文眞堂，1997 年）

Weick, K. E. (1995) *Sensemaking in organizations*, Thousand Oaks：Sage.（遠田雄志・西本直人訳『センスメーキング　イン　オーガニゼーションズ』文眞堂，2001 年）

遠田雄志（2001）『ポストモダン経営学』文眞堂

―――《推薦図書》―――

1. Taylor F. W. (1911) *The principles of scientific management*, New York：Harper Brothers.（上野陽一訳編『科学的管理法（新版）』産業能率大学出版部，1969 年）

　　経営学誕生の端緒となった名著．元エンジニアであったテイラーらしい厳密な論考と実験に基づく知見はいまだに多くの企業で活用されている．

2. Simon, H. A. (1976) *Administrative behavior*, 3rd ed., New York：Free Press.（松田武彦・高柳暁・二村敏子訳『経営行動』ダイヤモンド社，1989 年）

　　1978 年にノーベル経済学賞を受賞したサイモンによる，意思決定をベースに経営行動を分析した名著．

3. Weick, K. E. (1995) *Sensemaking in organizations*, Thousand Oaks：Sage.（遠田雄志・西本直人訳『センスメーキング　イン　オーガニゼーションズ』文眞堂，2001 年）

　　組織における認知や意味の重要性を訴えたワイクの労作であり，組織論に新たな視点を持ち込んだ意欲作．

第7章の要約

　本章では第6章での議論をそのまま引き継ぎ，管理現象についてとくにパワーという観点から議論を展開したい．まず組織を，管理する側とされる側とでお互いのパワーをめぐって意識的・半意識的に絶えず交渉がなされるアリーナとしてとらえ直す．次に，成文律と不文律によるパワーによるコントロールを分析する．そしてパワーは，どのような源泉から生ずるのかを検討したい．また，バーナードの権限受容説による逆転の発想と，GMサターン工場を端緒に発展したエンパワメントの考え方を学び，今後の組織と個人とのパワー関係のあり方にまで議論を進め本章は締めくくられる．

第7章 パワーとエンパワメント

1. パワーと報酬の交換

　人と人とが行為を交わし合って形成する「組織」現象というものは不思議なものである．たとえば，非常に聡明で先進的な人たちが結集している（はずの）組織で無益な政治と足の引っ張り合いが始まり，結果的に一人ひとりの能力がまったく発揮し切れていないという組織もある．それとは逆に，とくに飛び抜けた能力をもたない人たちで構成されている組織が信じがたい結果を長期間にわたって上げ続けている場合もある．こうした組織現象の面妖さ，おもしろさの原因はさまざまで，いまだその一端がわかっているに過ぎないが，少なくとも組織がひとつの有機体のようにうまく機能し，メンバー各人の力の総和以上のパフォーマンスを発揮させるにはメンバー間の調整（coordination）がどうしても欠かせない．サイモンは調整の重要さについて次のような簡明な説明をしている．

　　集団行動は，正しい決定を採用することのみならず，集団のすべてのメンバーが同じ決定を採用することを必要とする．10人の人が，協力して船をつくろうと決めると仮定しよう．もし各人が各自の計画をもち，かつ，互いにその計画を伝え合わなければ，その結果できた船は，おそらくあまり航海に適さないであろう．たとえ彼らがきわめて平凡なデザインを採用したとしても，そこですべての者がこの同じデザインに従うならば，彼らはおそらく前者よりは成功を収めるであろう．(Simon, H. A., 1976)

　集団メンバーの決定を調整するにはさまざまな手法がある．話し合いや多数決といった民主的な手法が用いられることもあるが，現代企業においてはそれらの手法が用いられる範囲は狭く限定されている．スピーディに物事を決め，組織として強力な行動力を発揮するのにもっとも適し，多くの組織で用いられている手法は管理であろう．管理とは，自分もしくは組織の望むような行動へ

他人を導き，実行させることに他ならず，また他人にものごとをなさしめる技法であるということは前章で詳しくみてきた．10人の人間が集えば当然一人ひとりが頭の中でそれぞれ理想の船体を思い描いているだろうが，それら理想のすべてを実現させることは叶わない．そのため，組織にはどうしても「個人から決定の自治権を一部取り上げ，その代わりに，組織の意思決定の過程を与える」という作業が欠かせないのである（Simon, 1976）．

　管理というものが他者に自分の意志を押しつける行為である以上，管理される側は組織に属している限り一定のパワー（power）ないし権限を行使されることを甘受しなければならない．もちろん，管理される側はその代償として行使されるパワーの大きさに見合うだけの有形・無形の報酬を要求することができる．もし，その報酬が取り上げられた自治権の大きさに見合わないと判断すれば，個人は容易にその組織を離れていくだろう．したがって，管理する側は長期にわたって有能な人材を組織内に留めておきたければ，報酬を大きくするか，もしくは行使するパワーを小さくするか，どちらかの手を打たなければならない．組織とは，こうした交換関係の中，管理する側とされる側とでお互いのパワーをめぐって意識的・半意識的に絶えず交渉がなされるアリーナでもある．本章では，まず組織が個人にパワーを課すその手法および形態について概観することから議論を始めたい．

2. 成文律と不文律によるコントロール

　人間の自由意志をある程度まで制限し，組織のパワーを行使するのにルール（rule）を用いることには長い歴史と積み重ねがある．とくに近代国家の時代になってからは「成分法」による国民の支配が世界共通の統治メカニズムとなった．しかし，国家に限らずいろいろな集団や組織もまたこうしたルールによるメンバーのコントロールを積極的に行っているし，その効果的な実行のあり方を求めてさまざまな試行を行ってきた歴史がある．

　ルールには大きく分けて2つの種類が存在する．ひとつはキチンと明確に成

文化されたルール，もうひとつは暗黙に集団内で形成され伝承されていく成文化されないルールである．前者を成文律（written rule），後者を不文律（unwritten rule）とよぶ．

(1) 成文律によるコントロール

　明確なルールを課すことでメンバーのほぼ全行動領域を統制しようとする組織が存在するが，その典型で，もっとも極端な形態が官僚制（bureaucracy）である．具体的には各国政府が統括する中央省庁群，さらにはその各種下部組織を想像してもらえればいい．そうした公的な行政組織ではほとんどの活動が法を頂点とする厳格かつ詳細な規定によって統制されており，個人の自由意志が介在できる範囲は極端に小さい．

　しかし，ルールによる支配は何もパブリック・セクターに限定される話ではなく，民間企業の中でも官庁を凌ぐほど効果的かつ効率的にルールを活用し実績をあげている企業がある．たとえば，デニーズに代表されるファミリー・レストランでは，現場従業員の一挙手一投足まで細かなルール，すなわちマニュアル（manual）によって仕事の進め方が事前に決定づけられている．全国どの地域のどの店舗に入ってもデニーズではまったく同一のかけ声で迎え入れられるはずだし（「いらっしゃいませ！デニーズへようこそ！」），オーダーを告げた後の復唱でもほぼ同じような対応が返ってくるはずである．もちろん，こうしたルールによる行動の制約は顧客との対応場面だけに限らず，あらゆる調理手法や従業員相互の呼び方，化粧室や駐車場の清掃の仕方にまで及んでいる．厳格にマニュアルにのっとった業務のやり方に馴染めない人間はデニーズのような組織では長く勤めることはできない．

　こうした詳細な成文律による行動の支配があまりに行き過ぎると，一般に「官僚的」とよばれる弊害が組織内で現れる．つまり，あまりにもルールに固執し過ぎてしまうことによりルール適用の柔軟性（融通）を失い，その対応に人間味が感じられなくなる現象だ．官僚化が行き過ぎると世間一般の常識から

一種奇異に思える事態が頻出するわけだが，それがどのような具体的な形で現れるかを村上春樹の小説の一シーンにみてみよう．

　ウェイトレスが水をもってくると，彼はチキンサラダと，かりかりに焼いたトーストを注文する．「すごくかりかりにね」と強調する．「黒こげになる寸前くらいに」．それに食後のコーヒーをつける．ウェイトレスは手にした機械に注文をインプットし，読み上げて確認する．
　〈　中略　〉
　ウェイトレスがチキンサラダとトーストをテーブルに運んでくる．マリのコーヒーカップに新しいコーヒーを注ぐ．そして注文されたものがすべて運ばれてきたかどうかを確認する．彼はフォークとナイフを手にとって，慣れた手つきでチキンサラダを食べ始める．それからトーストを手にとってしげしげと眺める．眉をひそめる．
　「どれだけかりかりにって念を押しても，トーストが注文通りに焼かれてきたためしがないんだ．よくわからないよな．日本人の勤勉さと，ハイテク文化と，デニーズ・チェーンの追求する市場原理をもってすれば，トーストをかりかりに焼くくらいそんなむずかしいことじゃないはずだ．そうだよね？　なのになぜそれができないんだろう？　トーストひとつ注文通りに焼けない文明にどんな価値があるんだろう？」
　マリはとくに相手にしない．（村上，2004）

　官僚制，つまり成文律による支配にはさまざまなメリットとデメリットがあるが，ルールがあまりにメンバーに浸透し過ぎてしまうときに生じるこうした柔軟性の欠落や自律的判断力の喪失などがデメリットの最たるものだろう．官庁ならまだしも民間企業でこうした事態が生じてしまえば，それは組織の存続を脅かすものになりかねない（とりわけサービス業にとっては致命的である）．それが経営者にとってルールによる支配を二律背反的なものにしている理由でもある．
　しかしながら，ルールによる支配には過度な自由意志の制限と引き替えに多くのメリットもまた含まれている点も忘れてはならない．もっとも大きなメ

リットはその経済性にあることは疑いないが（既定のルールに従えば誰でも短時間で有能なコックになりえる．デニーズでは数週間のトレーニングでほぼ全てのメニューを一通り作ることができるようになるという），さらにルールによる支配には経営者個人によるパワーの行使では生じえないメリットがある．それは，命令する側もそれに服従する側も同じルールに従っているのだという前提の下で職務を遂行できる点である．誰もが個々人の恣意を超えたルールに従っているのだと感じ，働ければ，組織として公平性や客観性を確保することができる．年齢，性別，人種，所得，学歴等といった個人的属性にまったく左右されず，誰でもどんなときでも既定のルールにのっとった対応が受けられることの重要さは忘れられてはならない．たとえば，デニーズは2001年にフォーチュン誌から「マイノリティにとっての最良の企業」に選ばれるという名誉を受けている．それはデニーズが1990年代以降，店舗でマイノリティ，とくに黒人差別撤廃のために多くの企業努力を行ってきた成果である．人種という属性によって差別的な扱いが出ないよう，デニーズは従業員に徹底的な教育を施したといわれる．「官僚的」という言葉が一般社会ないし経営の世界においてもっともネガティヴな意味合いをもつとしても，官庁や企業がルールに対する信用と実績を捨て去らないことにもう少し注意が払われるべきだろう．

(2) 不文律によるコントロール

　誰にでも理解できるような形できちんと明文化されている成文律と違って，より漠然としており，メンバーに対する影響力をとらえがたいのが不文律である．不文律とは組織の公式的な場面に決して現れ出ることなく，暗黙的に，または示唆的に組織の先輩から後輩へと伝えられていくルールである．それがどれほどの影響力を有しているかは組織によって，また組織内のポジションによってさまざまだが，その影響力のもっとも大きい組織においては成文律をはるかに凌ぐほどメンバーの日々の言動を強力に制約づけるものとなる．次の一例は日本のあるメガバンクでの出社シーンにおいてこの不文律が実際にどのよ

うに機能しているかをまざまざと教えてくれる．

　うちの銀行の場合，始業時間は八時五十分であった．しかし支店に来なければならないのは，通用口が開く時間である八時であった．始業時間きっちりから仕事を始めるための準備をする必要があるかららしい．たとえば，一般事務課では金庫からトレーなどを運び出したり，融資営業課では……普通の仕事と同じ気がする．しかしその準備は仕事ではないらしいので，残業代はつかなかった．
　とくに下っ端は八時前から通用口の前で待っておく必要があった．早く支店に来たからといって下っ端の間は何もすることがないのだが，先輩よりも早く来るのが常識らしい．
　支店の最寄駅から支店まで，数分ほど歩いて通勤をする．その道のりで行員を見かけることもあったが，ほとんどの人は微妙な距離を置いて歩いていて，お互いに声をかけようとはしていなかった．……どこかの川辺で座っているカップルを思い出すぞ．
　そのためか，前の方に歩いている人が信号で止まると，その後ろの方にいる人の歩くペースが急に遅くなり，なんとか距離を保とうとしていた．ある行員によると，「朝っぱらからあいつらと話そうなんて思わない」らしい．……きっぱりいうなあ．
　七時五十五分には数人が支店前に集まり通用口が開かれるのを待っていた．通用口が開かれると年次順に支店に入った．みんなきっちりと年次順を守っていた．開いたドアを支えるのは新人の役目であり，全員が中に入るとその後から新人が入っていった．おそらく新人行員が最初に経験する常識はこれだろう．
（稲村，2003）

　上記の記述が本当ならば，これら数々の暗黙のルール（残業代がつかなくても当たり前と思え，下っ端は先輩の出社を待ち受けろ，出社途中で行員を見かけても声をかけるな，常に入行年次順に従え等々）を覚えておかなければこの銀行では毎日の出社さえ満足にできないことになる．出社ひとつとってさえこれだけの不文律に従わなければならないことを考えれば，通常の業務中にどれだけの不文律があるかは想像に難くない．メンバーは組織として公式には成文

化されない暗黙のルールという次元に常に配慮し，その統制下で職務を遂行し続けることになる．

　もちろんこうした不文律は程度の差こそあれ，どの産業のどの企業にも存在する．そして，組織の一員として認められるためには，こうした不文律の存在をまずもって認識し，それに従うことが不可欠である．先のような銀行に入行したときに誰もがまず感じ取り，従わなければならない現実とは次のようなものである．「入行してからは，支店の暗黙の規則を覚えることになった．誰に教えられるでもなく雰囲気を感じ取って覚えていくこともあれば，先輩から『常識だぞ』と注意され覚えていくこともあった．どちらにせよ，今までの生活における常識とのギャップに驚き戸惑った」．不文律の特徴は，それが決まり事であり個人に強力な影響を及ぼすものであるにもかかわらず，そもそも誰が誰に対して，そして何のために設けられたものなのか，という肝心な点がたいていの場合あいまいで漠然としているということだ．誰もがそれに従いつつも，いったい誰のために，何のために不文律に従わざるをえないのかは誰もハッキリと明言することができない．さらに，不文律を非常に特異なものにしているのは，それが非常に悪しきもの，非経済的なものであっても，容易にそれを修正したりコントロールしたりすることが誰にもできないという点だ．絶対的なパワーをもっている創業者や経営者にとってさえ，一度組織に根づいた不文律を覆したり禁止したりすることは至難である．また，このようなあらゆるメンバーに目にみえぬ圧迫を感じさせる不文律は，ときとして個人の自由意志の領域をほとんど覆い尽くし，まったくの無力感と絶望感に陥らせることもある．

　とはいえ，不文律にもまた成文律と同様にメリットとデメリットが備わっている．不文律のメリットとしては次のような点があげられる．もし不文律を単に不条理なもの，単に非経済的で因習的なものとせず，それをいったん受け容れられれば，メンバーにとって組織内での安定感や帰属感，そして秩序感の源泉となるだろう．日本にきわめて特殊な「先輩−後輩」という関係性はそれを

疑問なく受け容れられる人にとってみれば，これ以上人間関係を整序するのに便利な基準はない．性別や能力，資質，パーソナリティといった要素を超えて先に組織に入った者から順番にある一定の優先権が与えられるというルールが存在すれば，それは非常に適用範囲の広い，汎用性のある基準になり，組織の中に一定の秩序を生じさせる．組織外の人間にはどんなに奇異にみえる不文律であっても，「組織の常識」をいったん受け容れてしまった人間はその常識をウチの秩序そのものととらえてしまうものだ．秩序というものはそのあり方に多少の問題はあったにしても，とにかくあることのほうが尊い場合もある．

3. パワーの源泉

では次に，なぜ部下は上司の指示・命令に従うのかについて説明してみたい．まずはミルグラムの服従実験から考察しよう．

この実験は1960年から63年にミルグラム（Milgram, S.）によって行われたアイヒマン実験ともよばれるものである（Milgram, 1974）．これは人間がいかに服従的行動をとるかを示した恐ろしささえ感じる実験である．階層化によって公式的権限を与えられた上司によって部下が服従することを暗示している．

それは何種類かの実験を含むが，そのひとつは「学習に関する科学的実験」という名のもとに実験に応募した先生役と生徒役の二人一組の実験である．実は生徒役はサクラであり，まず学習室で簡単な暗記が課せられ，その後椅子に座り，手首に回答を間違った時に電気ショックを与える電極がつけられる．被験者の先生役は別室で生徒役が誤って回答したときに電気ショックを与える．15ボルトから15ボルト間隔でスイッチがあり，75–120ボルト（軽微なショック），315–360ボルト（極度なショック），375–420ボルト（危険・激烈なショック），425–450ボルト（XXX）と示された30個のスイッチボードの前に座る．そして実験は生徒役が誤答をすると徐々に電圧の高いボタンを押すというルールで進められる．

ボタンを押すのを躊躇すると実験者が「実験を続けてください」「あなたが

続けることが実験には必要です」「続ける以外選択はないのです」といった声が繰り返される．そして生徒役はショックを表現するために部屋の壁を激しく叩き続ける．回答がない場合も誤答とみなし，電圧の高いスイッチを押しつづけ，450ボルトまで実験は続けられる．

　なんと被験者40人中26人，すなわち65％の先生役が実験者の指示・命令にしたがってスイッチを押し続けたという結果を得たのである．もちろん被験者もスイッチを押し続けることに躊躇し，うめき声，発汗，ひきつけを起こすなどの強い葛藤を示したが，結果的には服従を続けたというのである．

　科学的実験という実験そのものの正当性にも疑問は残るが，われわれが権威者，階層の上位者，上司に対してもつ服従の強さを劇的に提示しているのである．

　ミルグラムは階層に組み込まれると人間は代理状態となり，自分自身を他人の要望を遂行する代理人とみなし，自分自身に行為の責任はなく，自分は命令者の指示を遂行する道具とみなしていると分析している．階層化はそうした代理人としての道具的行動を促進する状態を作り出す側面をもっているのである．上司が部長・課長という管理職位についているからであるというのがもっともオーソドックスな回答であろう．しかし課長が直接部下でもない，他部門のスタッフにパワーを発揮し，問題を解決したりすることも頻繁に行われる．また部下が上司に影響力を行使して仕事を頼んだり，巧みに上司を使っている優れた部下も少なくない．どうも現実のビジネスや組織の中のパワーすなわち影響力の実態はより複合的な要因が作用しているようである．そこでここでは影響力の根底にある要因は何か，すなわちパワーの源泉についてコッター（Kotter, J. P., 1985；French, R. P. and B. Raven, 1959）の議論をベースにしながら検討することにしよう．

　上司による命令や強制は自律意識そして能力の高い部下の自尊心を傷つけ，さらには反抗を招くこともある．そして部下のモチベーションを低下させ，能力発揮を妨げ，組織の活力を削ぐことにもつながる．しかも今日のように経営環境の変化が激しく，問題が複雑化している状況においては，命令系統を超え

た他部門のメンバーや上司にもパワーを発揮し，組織部門間の協力や上司の協力を引き出すことが重要になってきている．システムや組織の複雑化は，それだけ相互依存関係を拡大，強化しており，単なる管理職であるといった公式権限のみではパワーを発揮できなくなってきているのである．管理職の中でも巧みに上司を動かし，他部門とのネットワークの中で，パワーを発揮し，顧客満足を高め，見事に業績を向上させている者も少なくない．その管理職の影響力，パワーの源泉は6つに整理することができよう．

1）公式権限（正当性）

最も古典的，伝統的であり基本的な源泉であり異論はなかろう．パワーを行使する管理職が公式的な地位につき，権限を付与されているので，他はその命令・指示に従う．すなわちパワー行使の正当性が公式に与えられているから従うのである．

2）報酬付与（報酬性）

公式的権限に付随する場合も少なくないが，上司の人事考課によって昇給や昇格が決定される．部下が昇給や昇格が重要な報酬であると認識すればするほど，その報酬を左右する者のパワーは高まることになる．しかし公式的権限はなくともパワーを行使される側の望む報酬を提供する程度によってパワーは強化される．報酬は金銭的，地位といった報酬でなくとも，情報であったり感謝や尊敬といった精神的報酬であってもパワーの源泉となる．部門の売上げ業績に常に大きな割合を占める部下は，管理者の業績を左右することになる．すなわち，その部下は上司に報酬を付与することになり，部下の上司に対するパワーが大きいのである．

3）情報・ネットワーク性

貴重な情報をもっていること，あるいはそうした情報が得られたり，権威ある人材と人脈がありネットワークを築くことがパワーを高めることになる．その人にとって魅力的で，重要な情報源，あるいは人材とのネットワークであればあるほど，その情報・ネットワークをもつことのパワーは高まるのである．

4）専門能力（専門性）

専門知識・能力が高ければたかいほど，その人の発言や行動は権威として認められ，パワーをもつことになる．「あの専門家の言うことだから間違いない」「専門家の推薦，判断だから，そうしよう」ということは日常茶飯事のことであろう．

5）人間関係（同一性）

人間関係が築かれ，尊敬，信頼関係は重要なパワーの源泉となる．しかも価値も共有され，同一性が保たれていれば「あの人が言うことだから」「あの人のために尽くそう」ということになり，大きな影響を受け，行使することが容易となる．

6）パワーマネジメント力

コッターは的確なパワー関係の診断，関係構築や適切なパワー行使力など，巧みなパワーのマネジメント力もパワーの源泉として強調している．言い換えれば「影響力のある人」，影響力を発揮して事を「実現できる人」といった認識・評価がパワーの源泉である．

公式権限そして報酬性はハードかつ直接的なパワーの源泉であり，それに基づくパワー行使は反発や抵抗を受けやすい．「専制的，独裁的管理者」といわれたり，「肩書きで仕事をする」ということになろう．できるだけその他のソフトな源泉によるパワー行使が今日では求められ，命令系統以外の人びととの協働が必要となっており，そのためにはソフトな源泉によるパワー発揮が重要性を高めているのである．

4. 権限受容説と関係性としてのパワー概念

これまでみてきたように，組織はさまざまな仕組みやメカニズムを用いて個人にそのパワーを行使する．直接的管理のようにきわめて圧迫感を感じさせる手法もあれば，認知前提への働きかけのようにむしろメンバーが進んで受け容れるような類のものまで存在する．もちろん，企業はこれら手法のうちひとつ

だけに限定することなく，複数のメカニズムを同時平行的に活用することで個人を組織の意志に従わせる．

とはいえ，たしかに現代は「組織の時代」であるとはいえ，個人を常に組織に従う従属的存在としてのみとらえる考え方はいかにもバランスを欠いているように思える．たとえ，個人と比べ組織のパワーがあまりに圧倒的にみえたとしても，である．この点に関し既存の常識的なパワー観に一撃を与えたのがバーナード（Barnard, C. I.）によって提唱された権限受容説（acceptance theory of authority）だ．端的にいえば，それは権威の源泉ないし在処はそれを発する側にあるのではなく，それを受け容れる側にこそあると考える，まったく逆転した発想であった．もし，命令を下される側が，それを不適当なものとして拒絶するなら命令を発した側の権威は一瞬にして消失する．それこそまさに権威現象の基礎であり，通常の常識的な見方はその点を看過ないし過小評価している．

> もし命令的な伝達がその受令者に受け入れられるならば，その人に対する伝達の権威が確認あるいは確定される．それは行為の基礎と認められる．かかる伝達の不服従は，彼に対する伝達の権威の否定である．それゆえこの定義では，ひとつの命令が権威をもつかどうかの意思決定は受令者の側にあり，「権威者」すなわち発令者の側にあるのではない．（Barnard, 1938）

こうしたバーナードの逆転した発想に基づけば，権威ないし命令を下す側はその妥当性や正当性を受け容れてもらえるよう十分な配慮をしなければならない．バーナードによれば，権威を認めてもらうためには次の4つの条件を満たす必要がある．①伝達を理解でき，また実際に理解すること，②意思決定に当たり，伝達が組織目的と矛盾しないと信ずること，③意思決定に当たり，伝達が自己の個人的利害全体と両立しうると信ずること，④その人は精神的にも肉体的にも伝達に従いうること，以上の4つである．これら4条件が満た

されて初めて，組織メンバーは権威者から下されるパワーを正当なものとして受け容れる．こうした逆転の発想は非常に斬新だし，とても有益な視点を提供してくれる．ときに，権威者は自分の権威を絶対的なもの，または常に安定したものと誤解してしまうことが多いからだ．しかし，先の4つの条件のうちどれかひとつでも満たせなければ絶対的なパワーも突然その力を失うことがあり得ることを常に留意しておく必要があるだろう．

とはいえ，権限受容説はパワーを行使する側の力を過大評価しがちな常識的見方をいったん覆すという意味で非常に有益だったとはいえ，そのことが逆に受令者側の力を過大評価することにつながってしまえば再度バランスを欠いた見方を生み出しかねない．結局のところ，パワーや権威の源泉を発令者，受令者のどちらかの極に求める見方，つまりパワーや権威をどこかある源泉から発生する，もしくはどちらかに大きく依存するものと考えるその思考の前提自体に問題がある．そうではなく，むしろパワーや権威はそれを発する者と受け容れる者との間で合意があって初めて成立しうるものと考え，両者の関係性の中で立ち現れる社会的現象として考えるほうが適切なようである．恋愛はどこにその源泉を求められるか？などと問われたらおそらく誰しも驚き，奇異な感じを抱くに違いない．なぜなら，恋愛は互いに好意を寄せている2者間の間ではじめて成立する関係的な現象だからだ．組織におけるパワー現象もまた同じように関係的な現象であるのだが，一見，発令者の側があまりに一方的な影響力を有しているため，そこに何らかのパワーの源泉（たとえば，資本力の大きさとか，管理者の資質，知識や情報の格差など）を求めてしまいがちである．しかし，パワーもまた恋愛と同じようにそれを発する者と受け容れる者との間で常に交渉され，その都度成立するひとつの関係なのだと考えることが必要だ．

5. エンパワメント

組織内で生じるパワー現象を論じるとき，近年，経営上の大きなムーヴメントとなったエンパワメント（empowerment）の議論と実践について触れないわ

けにはいかない．エンパワメントとは，カタカナで呼称されているように日本語になりにくい言葉であるが，強いて訳される場合には「権能付与」と翻訳される場合が多い．「権能」，つまり権限だけでなく能力もまた同時に従業員に付与していく経営上の実践活動であり，その基本思想は，これまで他者によって統制されがちであった職務を従業員自身による自己統制へと積極的に置き換えていこうとするものである．山田（2002）によれば，エンパワメントとは，① 職務権限の付与（権限の委譲），② 職務能力の付与（企業内教育・能力開発の活用），そして，③ 課業遂行に関する自律性（自由）の付与（製造業でいえば自律的作業方式の採用）という3つの側面を有するものとされる．

このエンパワメントは，1984年にトヨタとGMがそれぞれ50％ずつ出資し設立した自動車製造企業NUMMI（New United Motor Manufacturing, Inc.）のフリーモント工場で得られた知見に基づき，GMが新たに創設したサターン工場における実績が注目されたことで一気に全世界の経営者の注目を集めることになった．GMサターン工場では先の3つ，つまり権限と能力，そして職務上の自由を経営者側が大幅に認め与えることで画期的な生産性と品質の向上を達成したのである．権限の付与という点では，それまで本社スタッフに独占されていた職務を設計し再設計する権限，そして新入社員を選考する権限などを現場従業員に思い切って委譲し，能力の付与では初年度に320時間，次年度以降は92時間に及ぶ社内教育を実施した．この結果，GMサターン工場では従業員間でそれまでみられなかったチームワークが出現し，チームとしてより自律的に自らの職務にコミットするようになったという．

このエンパワメントの発想と実践は組織におけるパワー現象を考える上で，また今後の組織と個人との関係性のあり方を考えていくうえで大きな示唆を与えてくれる．第1に，エンパワメントの実践の場では，パワーを個人に付与しようとしたのが組織の側であり，個人からの強い要請に応じて組織がそれを実行したわけではない点が重要である．組織の側も個々人が自律性をもって日々の業務にあたってくれれば，それまでコストとして計上されていた余計な管理

費を削減できるという直接的メリットがあるし（監督という管理手法が「コスト」であることを思い起こされたい），また自律性が高まることで個々人のモチベーションも高まり職務の改善や品質の向上が望めるという副次的メリットも期待できる．組織側はこうしたメリットを十分に考慮したうえでエンパワメントを実行しており，決して人道的な理由から実施したわけではない．第2に，エンパワメントの成功が権限と能力を共に与えることによって可能となった点を見過ごしたり，過小評価してはならない．職場の民主化やリベラリゼーションといった耳障りのいい言葉に躍って，能力の低い従業員にいたずらに大きな権限を与えてしまえば無益な問題を新たに生じさせるだけだろう．また同様に，従業員の能力を積極的に高めたにも関わらず，その能力に見合う権限をいつまでも委譲せず，責任の伴わないルーティーン作業につかせ続ければ，それまで感じることもなかった不満感を従業員の中に生じしめるに違いない（こうした現象はアメリカでMBAを取得してきた社員が日本企業を見捨ててどんどん退社していることに顕著に見い出せる）．

　前節において組織と個人の間にみられるパワー現象は両者間で成立する関係的な現象だと述べた．パワーという言葉はどちらか一方がもう一方に対して一方向的に影響を与えるという考えに陥らせる響きをもっている．しかし，実際にサターン工場におけるエンパワメントの成果に表れている通り，個人の側の能力が高まれば当然それに対して組織の側も管理の姿勢を変えなければならない．能力の高まりに応じ，それに見合うだけの権限と自律性を従業員にもたせることが，当然，必要になってくる．そして，このことは，前章で説明された管理対象の移行という現象に深い関わりがある．現代において個人の側が前世紀の単純労働者とは比較にならないほどその能力を高めたことが管理の対象と形態を変えさせた大きな要因となっている．関係をなしている二項のうちどちらかがその性格を劇的に変えれば，もう一項もそれに応じて変化しなければ関係性を維持し続けることはできない．個人の能力はとりわけ情報収集力，判断力，科学的知識の活用といった知的な側面において今後大きな向上が期待でき

る．そのとき，認知前提に働きかける管理スタイルが時代遅れになりまた新しい形態のコントロール手法が生み出されることになるだろう．個人の能力が極限まで高まれば，オルフェウス室内管弦楽団のようなメンバー同士で刺激し合い啓発し合う指揮者のいない自主運営型のオーケストラのような組織が数多く現れるかもしれない（そのとき「管理」は過去の遺物として懐古の対象となるかもしれない）．もっとも，それが組織の理想型でもないし，すべての組織と個人がそこまで到達する必要もない．今後，組織と個人がどのような関係性を取り結び経済活動を行っていくかは，管理に直接携わる人のみならず，すべての人に関心をもってもらいたい問題である．なぜなら，その関係次第で私たちの乗り込む船の形も異なってくるのだから．

演・習・問・題

問1 マニュアルを用いた管理がとくに有効と思われる職種はどのような職種かを考え，答えなさい．

問2 組織内で世間の常識とは隔たった不文律がとくに発達する条件とはどのようなものかを考え，答えなさい．

問3 組織内から管理を極力排斥し，別のメカニズムでメンバーのモチベーションを高め組織のパフォーマンスを上げていくためにはどのような具体的な仕組みが考えられるか答えなさい．

参考文献

Barnard, C. I. (1938) *The functions of the executive*, Cambridge, MA：Harvard University Press.（山本安次郎・田杉競・飯野春樹訳『新訳 経営者の役割』ダイヤモンド社，1968年）

French, R. P. and B. Raven (1959) "The Bases of Social Power", in ed. Cartwright, D. (ed), *Studies in Social Power*, University of Michigan.

Kotter, J. P. (1985) *Power and influence/beyond formal authority*, Free Press.（加護野忠男＆谷光太郎訳『パワーと影響力』ダイヤモンド社，1999年）

Milgram, S. (1974) *Obedience to authority：An experimental view*, Harper & Row.（岸田秀訳『服従の心理』河出書房新社，1975年）

Perrow, C. (1986) *Complex organizations*, 3rd ed., New York : Random House.

Simon, H. A. (1976) *Administrative behavior*, 3rd ed., New York : Free Press.（松田武彦・高柳暁・二村敏子訳『経営行動』ダイヤモンド社, 1989年）

遠田雄志（2005）『組織を変える〈常識〉』中央公論新社

福原康司（2003）「パワー」加藤茂夫編著『ニューリーダーの組織論』泉文堂

稲村圭（2003）『若手行員が見た銀行内部事情』アルファポリス

村上春樹（2004）『アフターダーク』講談社

山田雄一（2002）「GM・サターンの事業革新」明治大学経営学研究会編『経営学への扉（第2版）』白桃書房

―――《推薦図書》―――

1. Barnard, C. I. (1938) *The functions of the executive*, Cambridge, MA : Harvard University Press.（山本安次郎・田杉競・飯野春樹訳『新訳 経営者の役割』ダイヤモンド社, 1968年）

    経営学を学ぶ人間であれば誰もが1回は読む古典的名著.

2. 城山三郎『外食王の飢え』講談社

    ロイヤルホスト創業者の江頭匡一氏をモデルにつづった経営小説の名作. 外食が巨大産業となっていくにつれて，管理スタイルにどのような変化が起こったのかに注目.

3. Seifter, H., and P. Economy (2001) *Leadership ensemble : Lessons in collaborative management from the world's only conductorless orchestra*, Time Books.（鈴木主税訳『オルフェウス・プロセス』角川書店, 2002年）

    管理なき次代の組織の姿として，大きな関心を集めたオルフェウス室内管弦楽団に関する研究書.

4. Milgram, S. (1974) *Obedience to authority : An experimental view*, Harper & Row.（岸田秀訳『服従の心理』河出書房新社, 1975年）

    アイヒマン実験による人間の服従的行動を論じた衝撃的専門書.

第Ⅳ部
チームマネジメントとコミュニケーション

- 第Ⅰ部 マネジメントとは
- 第Ⅱ部 リーダーシップとモチベーション
- 第Ⅲ部 意思決定とエンパワメント
- 第Ⅳ部 チームマネジメントとコミュニケーション
  - 第8章 集団と集団思考
  - 第9章 職場規範と活性化
  - 第10章 コミュニケーション
- 第Ⅴ部 ラーニングと組織学習

経営管理
マネジメント

第8章の要約

　われわれ人間は，何らかの集団に所属して生きている．個人に行動の「場」があるように，集団にもそれを取り巻く「場」があると考え，場における集団を力動的にとらえて，そのあり方を探ろうとしたのが，「グループ・ダイナミクス」の考え方である．そこでは，集団は発達的にとらえられる．

　集団とは，2人以上の人びとが，「共通目標」のもとに「われわれ意識」を醸成し，その目標達成に向けて「正の相互作用」を展開する場であるといえる．

　集団には，結束力が強いものと，そうでないものがある．集団の結束力の程度を集団凝集性という．結束力のもとは，「斉一性への圧力」である．この斉一性への圧力をうけて，集団成員の行動や指向性が標準化し，同時に集団内に役割や地位の分化が生じ，集団が構造化されてくる．したがって，凝集性の高い集団は，斉一化，標準化，構造化の程度が高いといえる．

　しかしながら，集団は，いったん発達を遂げて凝集性が高くなると，そのまま継続的に活発な活動を続けていくとは限らない．集団を取り囲む環境が変化するからである．集団は，外部圧力からにせよ，内部の自発性からにせよ，常に活性化のための再構造化を図っていかなければならない．

　また，集団活動そのものが，実は，集団思考による問題解決過程であるともいえる．そこでは，とかく「集団優位」と考えられがちであるが，本当にそうであるのかは，課題の性質やその他の問題状況を検討した上で見極める必要がある．

第8章 集団と集団思考

1. 「場」としての集団

　集団をあるひとつの「場」としてとらえて，そのあり方を研究しようとする方法がある．クルト・レヴィン（Lewin, K.）によって創始されたといわれている「グループ・ダイナミクス」がそれである．

　「場の理論」（Lewin, K., 邦訳，1979）は，レヴィンの研究において根本的な構成概念である．誤解を招くかもしれないが，あえてわかりやすくするために言い換えると，「場」とは，行動の一定の時間単位における状態であるともいえる．その行動は，個人と個人を取り巻く環境との間に相互依存関係を保ちつつ，一方で相互規定関係にある．

　このことは，個人の行動についてのみ該当する考え方ではなく，集団についても同様である．私たちがさまざまな集団とかかわりながら生活していることを考えると，私たち個人の行動の「場」として，集団が存在する．レヴィンによると，集団もまた集団自体とそれを取り巻く環境とから成り立っている．したがって，集団は，形成時点から時間経過とともに，成員の行動変化からにせよ，外部環境の変化からにせよ，その状態を変えるのである．このように集団をとらえると，集団にも発達段階があるという視点が生じ，したがって，それを考察するには力動的なとらえ方が必要になってくる．

　第Ⅳ部では，こうした概念を基礎として展開されてきた「グループ・ダイナミクス」の知見を主として，集団について考えてみよう．

2. フォーマル集団とインフォーマル集団

(1) 集団の要件

　われわれ人間は，多かれ少なかれ，何らかの集団に所属して生きている．生まれた起源からしてすでに少なくとも自分と母親という人間との集団がそこに発生するように．

上に述べたように，集団とは，2人以上の人びとをその構成要件とする．古くから集団はさまざまな視点・考え方で分類されてきたが，この要件は，共通で不可欠である．しかしただ2人以上の人びとが集まったとしても，たとえば同じエレベーターに単に乗り合わせただけの人びとを集団とはいわない．集団であるためには，そこに集まった人びとの間に共通の目標があることが必要となる．そして，その共通目標を達成するために，そこに集まる人びとの間に，相互作用があり，さらには，そのことによって，集団内と集団外を区別する意識が醸成されなければならない．

 先のエレベーターに乗り合わせた複数の人びとの場合で考えてみよう．不幸にして，何かの故障で，このエレベーターが不正停止した場合，人びとは何とか無事に脱出したいと願うであろう．「無事脱出したい」という願いこそ，当初は，偶然にエレベーターに乗り合わせた人びとにとって，今や共通の目標となる．そこで，そのうちの誰かは，備え付けのインターフォンでエレベーター管理会社等の外部に状況を知らせる連絡をとる．誰かはただオロオロするだけかもしれないし，また，その人を励ます人もいるだろう．体調が悪くなる人がいるかもしれないし，その人を楽にしてあげられないかと考えたり，行動したりする人もいるだろう．こうして，そこに居合わせた人びとの間にそれぞれの相互作用が生まれる．なかなか復旧しないエレベーターに腹を立て，インターフォンで外部にイライラをぶつける．そこには，すでに，閉じ込められた「自分たち」と，外部とを区別する意識の境界線ができている．どれくらいかの時間が経過した後，エレベーター復旧によって無事外界へ脱出できた．人びとは互いに笑みや握手を交わし，肩を叩き合う．その後すべてのコトが終わって，また，人びとはそれぞれの行く先へ分かれていく．想像を容易にするために少々極端な例を用いたが，このような場合にも，短時間であっても，集団が発生するのである．

 このように，人びとの集まりをただの集合ではなく，「集団」とみなすには，およそ，次の3つの条件が存在することがあげられる．すなわち，「共通目標

「われわれ意識」「成員間の正の相互作用」である．なお，ここでいう「正の相互作用」とは，成員同士の肯定的もしくは好意的な関係における相互作用であり，それによって，集団としての効果がプラスに働くような相互作用をさしている．

(2) フォーマル集団とインフォーマル集団

このような条件のもとに存在する集団について，さまざまな視点からの分類が試みられているが，今われわれが企業組織あるいは経営体を問題にする場合，とくに関連の深い分類は「フォーマル集団」と「インフォーマル集団」という区別である．

「フォーマル集団」は，「公式集団」ともいわれ，集団内の各メンバーの役割や構造が明確に決められており，一定の目標達成に向けて意図的に形成されているものをいう．たとえば，企業の組織図では，このフォーマル集団がどのように存在しているかが一目瞭然としている．これに対し，「インフォーマル集団」は，「非公式組織」ともいわれ，フォーマル集団とは逆の性質をもつ．すなわち，個人的な好感情を基礎として自然発生的に形成されており，そのため，個人の役割や集団内の構造は不明瞭で曖昧である．仕事の場というきわめてフォーマルな集団においても，その内部に，飲み仲間や遊び仲間があり，それが，暗黙の集団規範を作り出し，ひいてはフォーマル集団の生産性にも影響を与えることは，これまでの研究からも，また，われわれの経験からもよく知られているところである．

3. 集団の凝集性

さまざまな集団を外側からみてみると，非常にまとまりがよく，いわゆる雰囲気の良い集団と，各人がバラバラで，なんとなくまとまりに欠ける空気を感じる集団がある．あるいは，まとまりはあるようだが，あまり好感をもてないといった集団もある．こうした違いは何からきているのだろうか．

集団のまとまりの程度，いいかえると，集団の結束力の程度を「集団の凝集性」という．グループ・ダイナミクスの研究では，集団の凝集性を知ろうとするとき，さまざまな視点からの測定が考えられてきた．たとえば，成員が集団活動について語るとき，「私」という単数形と「われわれ」という複数形を用いた頻度に注目したもの．異なる集団の成員たちとの間にみられる友好的結合を比較したもの．行動の仕方や信念について，成員たちが同じ規範を共有している程度に注目したものなどである（Cartwright, D. et al., 邦訳, 1969）．

(1) 凝集性を高める要因

これらの研究から，集団の凝集性の高さに影響する要因としては，① 集団の成員がどれだけ魅力的か，② 集団の目標や活動がどれだけ魅力的か，③ 集団の道具的価値がどれだけあるか，④ 集団の成員間の類似性の程度，⑤ 集団における参加型リーダーシップの有無，⑥ 集団の規模，⑦ 代替集団や対立集団の有無，などがあげられる（古川，1988a）．

個人によって，ある集団の成員が自分にとって魅力的であると認められれば，個人はその集団に積極的に参加したいと思い，また貢献しようとする意欲を高め，維持する．さらに，こうした好感を成員相互がもっていれば，成員間に相互作用が生じ，「われわれ意識」が醸成され，また育成されやすい．とくに，成員全員が認めるリーダーが存在する場合，この傾向は強くなると考えられる．集団の目標が，個人の目標と類似しているか，もしくは，その目標が積極的に受け入れられるようなものである場合，その目標を軸にして人びとは集まり，その目標達成のために結束して活動する．この点に関しては，個人の考え方や，信念といったものも大きく影響する．近年，環境問題が各方面で採り上げられるようになり，多くの環境保護団体が活動している．これらの団体の大きな目標のひとつは，「自然環境の保護，維持，再生，破壊防止」であるが，そこには各自の環境問題への関心と強い信念による人びとの活動があるといえよう．

集団の道具的価値とは，その集団への所属が自分にとってどれだけ役に立つ

か，価値があるのか否かということである．ここでいう，価値には，物理的あるいは物質的価値と，心理的あるいは精神的価値の両面が考えられる．前者は，その価値が具体物として獲得され，その量の多寡もある程度具体的に把握できるので，個人にとっての価値の有無を知る際に認知されやすい．後者の価値の場合，自分の能力向上や達成感，あるいは自らの社会的存在価値として知覚される．たとえば，趣味の楽器演奏でバンドを組む会社員グループがライブをすることを想定してみよう．会場賃借料やその他ライブ実行に関する費用がかかり，メンバーにとって物理的（ここでは，とくに経済的）価値はマイナスであろう．しかし，本番までに自分の技術を磨こうとした努力（実際に技術向上があるか否かは別として）や，その成果を発表する機会を得ること，あるいは，やり遂げた後の達成感や充実感は，また，次への練習の活力となるだろう．メンバー全員が同じように感じている場合，この集団の結束力は，一段と高まることは想像に難くない．この要素は，成員各人の活動への動機づけとも，深く関連してくる．

　集団成員が互いに好感をもっており，さらに共通目標達成へ向けて成員間で切磋琢磨が行われていれば，多くの場合，その集団成員の価値観は類似してくる．たとえば，甲子園出場を目指す高校野球チームでは，日ごろの練習もさることながら，合宿等で寝食までともにし，"個人の時間＝チームメンバーとの時間"といえるような長時間にわたる時間の共有，熱心な練習という光景が想像される．それに参加する新入メンバーは，早晩，その他のメンバー（主には，先輩たちであろう）と価値観が類似してくる．チームとしては，新メンバーによって，一時的に振動を加えられた集団の凝集力に，時には新たな価値観をも含めた新しいチームの結束力が生み出される．この点については，第9章で詳しく扱う．

　参加型リーダーシップに関しては，第3章で詳しく取り扱われるので，ここでは簡単にふれておこう．参加型リーダーシップとは，ボトム・ダウンで指示・命令に従うことを一方的に要求する専制型リーダーシップの対極に位置す

るリーダーシップスタイルである．つまり，意思決定に成員の意見を取り入れるべく，その意見に誠実に耳を傾け，成員と一体になって課題解決を目指す．リーダーの行動に注目して，その行動スタイルと集団の生産性との関係を述べた研究については，数多くの蓄積があるが，およそ，専制型リーダーシップよりも，参加型リーダーシップの方が，集団の生産性に肯定的に作用することを示している．また，成員の集団目標達成への動機づけが高まる，つまり，それへ向けての結束力が強まると考えられる（Cartwright, et al., 邦訳，1969）．

集団の規模については，集団成員の数と深く関係するが，個人の意見が比較的反映されやすい小規模集団のほうが，大規模集団よりも凝集性が高いと考えられている．

(2) 集団活動への影響

集団の凝集性が高いか，低いかは，さまざまな集団活動に影響を及ぼす．上述してきた集団の凝集性の高さに影響する要因のいずれに関係するものにせよ，それらは，集団活動と同時に集団を構成する成員に対する影響とも深く関連している．

集団の凝集性が高い場合，当然，集団成員がその集団にとどまろうとする確立は高くなる．したがって，成員の自発的な集団離脱が減少し，さらには，成員の積極的な集団活動への参加が促される．こうした集団の状態は，集団活動において各成員に精神的にプラスの影響も与えるとされている．また，集団からの，あるいはそれを代表する集団のリーダーからの要請が成員に受け入れられやすい．つまりリーダーにとっては，リーダーシップを行使しやすいことになる．別の視点からいえば，リーダーの考え方や行動いかんによって，集団活動の内容や性質が影響されやすいということになる（岡村，1979）．

4. 集団の陳腐化

(1) 集団の成熟

　凝集性が高い集団であれば，放っておいても活発な集団活動が維持されるわけではない．先に，集団凝集性の高さに影響する要因のひとつに，集団の成員間の類似性の程度をあげた．集団活動に好意的，積極的に参加することによって，なぜ，各成員の考え方や価値観が類似してくるのだろうか．こうした類似性を生み出す力を「斉一性への圧力」といい，ジュネス (Jenness, A., 1932)，シェリフ (Sherif, M., 1935)，アッシュ (Asch, S. E., 1951) 等々の研究者によって，その様子を知る実験がなされている．これらの説明は，次章の「集団規範」においてより詳しく取り扱うが，凝集性の高い集団は，この斉一性への圧力が強く働いているともいえる．この斉一性への圧力が強いと，ある物事に反応する成員の行動が似通って来るようになり，やがてその行動様式が集団内で標準化してくる．また，集団は，その発達過程において，成員の役割や地位を分化させていき，ある決まった構造をもつようになる（中村，1964）．つまり，集団がまとまりをもって「集団らしい姿」になるということは，これら斉一化，標準化，構造化が進み，目標達成へ向けて効率的な活動ができるように充実してくることである．こうした段階では，成員の心理や行動，さらに集団全体の様子が，集団形成当初よりもプラスに変化することもある．成員の側からみれば，解決すべき課題や対人関係において，必要な知識や技術の獲得，蓄積が進み，専門性が高まってくる．通常と大きく異なる事態が発生しない限り，何事も迅速かつ確実に行われていく安定感が現れる．集団全体の側からみれば，集団目標，役割分担とその遂行手順が明確になり，成員間に信頼感が生まれ，安定的な関係がみられるようになる（古川，2004）．当然，このことは，先に述べた集団の標準化，斉一化，構造化が進んだ結果，言い換えれば，集団が発達を遂げた結果である．さらに，こうした結果は，集団の高い凝集性と無関係ではいられない．

図表8-1 集団の年齢と集団過程の特徴，それに対応するリーダーシップ理論

集団の年齢	青年	中年	老年
集団過程の特徴	状況規範の解読と樹立 役割期待の探索	状況規範の安定化 役割期待の明確化	社会的環境の固定化 手抜きの慣行化
個人欲求の特徴	アイデンティティの確立 対人関係の形成	能力発揮 自己顕示	自己防衛 変化忌避，安定指向
主要なリーダーシップ理論	構造作り，配慮などの機能論	Path-Goal 理論（1971）などのコンティンゼジェンシー・アプローチ	Substitutes for Leadership 理論（1978） Transformational Leadership 理論（1985）

出所）古川久敬（1988b）

(2) 集団の発達と陳腐化

ところが，時間の経過に伴って，斉一化，標準化，構造化が進みすぎ，いくつかの面で硬直という現象が現れてくる．急速かつ急激な外部環境の変化をよそに，集団が硬直化過程に入ると，そのことに対して，何らかの解決策が取られなければ，早晩その集団は次第に衰弱への途をたどることになる．このことは，あたかも，組織が変革に乗り遅れ，外部環境に適応できずに陳腐化していくのと同様であると考えられる．古川（1988a・b）は，このような集団の発達過程における段階を「集団年齢」という概念を用い，集団の発達過程と環境との関連での硬直，衰弱過程を一連の時系列でとらえることによって説明しようとしている．ここでいう，「集団年齢」とは，集団結成後の経過年齢，もしくは，成員のその集団への所属期間の平均値であらわされている．集団年齢の高まりとともに，成員の心理や行動，および集団全体の様子が変化してくることを指摘している（図表8-1参照）．ここで古川（1988a・b）は，集団の衰弱現象を取り扱った理論モデルや研究が未だほとんどないことを指摘しながらも，集団年齢と集団業績との関係を取り扱ったスミス（Smith, C. G., 1970）やカッツ（Katz, R., 1982）の研究結果から，集団が硬直症状をみせる原因を以下のようにまとめている．① 各集団成員の役割と行動が固定し始める．② 成員の思

考様式が次第に均質化し，成員相互の刺激性が失われていく．③成員が集団の内と外で選択的情報伝達を始めだし，コミュニケーションネットワークが固定するのみならず，そのネットワークを流れる情報も固定していく．④集団外部の状況および情報から疎遠になり，集団成員の関心が集団内部の活動のみに狭まっていく．また自らの研究から，集団年齢の高まりに応じた，職場集団の状況変化を考察し，変化への態度が消極的になる傾向があること，職場集団内のコミュニケーションのあり方が，このことに強く関与していることを主張している（古川，1988a）．

このようにみてくると，集団の発達過程において，その姿が成熟してくるのとほぼ時期を同じくして，そこから陳腐化への途も進行し始めるといえるだろう．しかしながら，古川（1988他）もいうように，このことは，集団が外部環境の変化に対応した方策を何も講じなかった場合に必至となる状態である．集団年齢，あるいは集団が置かれている発達段階に合わせた活性化方策が採られるならば，その集団は活発な活動を維持し続けることができるのではないだろうか．さらにいえば，外圧としての外部環境の変化を受けての受動的取り組みにせよ，集団内部の気づき，あるいは積極的な環境適応を指向する能動的取り組みにせよ，すべての集団は，その発達・存続過程において，活性化のための再構造化が必要なのである．集団の発達を時系列でとらえた場合，その活性化方策に必要なものについては，集団年齢に合わせた，その段階に適切なリーダーシップがその鍵をにぎっているといえる．

このことに関して，古川（1988a・b）は，集団年齢を3段階に分け，便宜的に「青年」「中年」「老年」と名づけて，それぞれの段階における集団の特徴と，各段階において有効なリーダーシップ理論を図表8-1のようにまとめている．各段階では，集団過程の特徴を反映する成員の欲求も異なってくることをあげ，したがって，それら欲求を背景にして成員のモチベーションも異なってくると考えられている．集団活動を発展，もしくは活発にさせるためには，とりもなおさず，成員のモチベーションが高く維持され，また，それが適性な行動と

なって表現されるという好循環が必要である．そのためには，集団を率いるリーダー（公式組織では，多くの場合，管理職にあたる）の行動スタイルが問題になる．つまり，求められるリーダー行動も，集団年齢に合わせて変化しなければならない．それぞれの段階に示されたリーダーシップ・スタイルの詳細については，他の章に委ねるが，とくに，集団の硬直化・衰弱化への途にさしかかろうとする「老年」期における集団においては，それを率いるリーダーが取るべき行動は，既存の斉一性や標準に基づく構造を見直し，作り替えることに率先して取り組むことである（古川，1988a・b, 1990 他）．さらに，集団発達上においては，充実みを増してくる上り坂にあると考えられる集団の「中年」期と，硬直化・衰弱化の問題が表面化する「老年」期との間にはっきりとした境界線が存在するものではないことから，自分たちの集団が，今，どの段階にあるのかを適時・適切に把握することがリーダーには必要とされるのである．

5. 集団思考

(1) 集団思考の良否

先に，複数の人びとの集まりが「集団」たりえる条件のひとつとして「共通目標」の存在をあげた．さらにいえば，この共通目標は単に集団存続のための「かざり」として掲げられているのではなく，達成されるべきものとして存在している．つまり，集団活動そのものをリードしていく根本要因である．共通目標を効率よく達成するために，集団は，斉一化，標準化，構造化を高めて，集団の生産性に貢献する．（逆に，これらの要素が進みすぎると集団の陳腐化を招くこともこれまでにみてきた．）一連の活動による目標達成へと進む過程は，まさしく，集団での問題解決過程であり，その過程における集団思考に基づくものが大半である．集団の生産性，すなわち，どれだけ効率よく目標達成に近づくかは，上位目標を達成するための下位目標をどれだけ適切にかつ明確に，計画的にできるかにかかわっている（中村，1964）．一方で，斉一化，標準化，構造化の程度が進んだ集団凝集性の高い集団では，そのリーダーが参加型

リーダーシップ・スタイルをとる場合が多い．これらのことをまとめると，集団思考がうまくできるかどうかが，集団の発達・存続過程にも，またその生産性にも深くかかわっているのがわかる．

　集団思考の様子は，私たちの身の回りで数多くみられる．家族の話し合いや小・中学校の学級会などは，私たち自身も少なからず実際に体験しているはずである．町内会での委員会や職場での会議，大きな単位では国会なども，みな集団思考の場である．私たちは幼い頃から「○○について，みんなで話し合いましょう」という呼びかけ場面に，よく出くわしてきた．それは，一個人ではなく，集団で考えると何か良いことがあるからに違いない．集団でものごとを考えようとするとき，以下のような「集団優位」観が私たちの考えにあるのが推察できる．まず，第1に，個人で考えるよりも多くの関連情報が入手できるので，それを利用すればより良い判断・決定ができるだろう，と考える．また，集団で判断し決定を下すのだから，一個人で同じことをするよりも，偏りのない良識的な結果が得られるだろう，とも考える．しかしながら，実は集団における課題を解決しようとする場合いつでも「集団優位」とは限らず，何らかの課題解決に関して，個人思考と集団思考のどちらが優れているかは，そのときの課題自体の性質やそれをとりまくさまざまな問題状況によって異なる（古川，1988a）．さらには，そうした問題状況に，その他の集団の状況的要因が作用して集団思考を良い結果にリードしたり，逆に非効率的であったり良識的でない結果に導いたりすることもある（岡村，1979）．その他の状況的要因には，集団におけるリーダーシップ・スタイルや，成員の等質性（年齢，性別，能力，性格など）の程度，集団の大きさとコミュニケーション構造などが考えられる．課題解決に当たっては，これらの状況的要因や課題の性質を総合的に考慮したうえで，当該課題解決のための思考が「集団優位」なのか「個人優位」なのかを見極めることを思考過程の初期に行わなければ，思考過程や結果としての意思決定は，かえって不適切なものになりかねない．それどころか，何も結果を得られなかった，ということにもなる．「会議，会議で時間だけが過ぎて行き，

結局何も決まらない.」という経験をした人は少なくないはずである.このような場合は,その課題解決に際して,集団思考と個人思考のどちらが適切なのかを今一度検討してみることが必要である.ブルーム(Vroom, V. H., 1973)は,課題解決に際して,成員がどの程度参加するのが適切かを管理者(つまり,公式的なリーダー)が判断するための検討項目として,① 意思決定の評価基準があるかどうか,② 問題状況についての十分な情報を自分がもっているかどうか,③ 問題状況の構造がなされているかどうか,④ 意思決定の結果を成員が受け入れない場合,決定実行に際して支障があるかどうか,⑤ 単独決定は,成員から受け入れられそうか,⑥ 集団目標が成員に理解され,共有されているか,⑦ 決定事項が原因で成員間に葛藤は生じないか,という7つをあげている.

(2) 集団思考の過程

集団で課題解決に臨むことになった場合,主に成員による対面的討議集団における集団思考の過程は,図表8-2のような段階を踏むと考えられている(古川,1988a).それぞれの段階で留意事項は,次のとおりである.

「問題把握」の段階においては,問題状況の多面的検討によって,問題点の明確化,特定化をはかることが重要である.この際,実際には,過剰情報量によって,真の問題点がかえって見失われるということがないよう,収集された情報の取捨選択にも慎重になるべきである.

「問題解決案収集」の段階においては,得られた情報を十分に吟味したうえ

図表8-2 対面的討議における集団思考過程

「問題把握」	「問題解決案収集」	「活動計画づくりと実行」	「活動結果についての評価」
多面的検討情報の取捨選択問題点の明確化 →	望ましい効果の点から検討複数案の選択 →	各成員の活動を具体的に計画 →	次の課題に備えるために具体的項目ごとの評価

出所)古川(1988a)をもとに筆者作成

で，複数の解決案を出し，それぞれについて「望ましい効果」の点から検討して，最良のものを選択することに留意すべきである．

「活動計画づくりと実行」の段階では，各成員の役割，行動の内容，期限，手順などを具体的に計画しておくことが，その後のスムーズな実行への移行に効果的であることはいうまでもない．

「活動結果についての評価」は，来るべき次の課題解決に際して参考にするためにも必要である．また，その際の評価項目，評価情報に関しての検討や，それらについての各成員の役割なども重要である．

先にも述べたように，課題解決に臨む際，集団思考で取り組むか，個人思考で取り組むかに関しては，その課題の性質と，関連する問題の状況的要因によって，その効果が異なる．また，前述の集団思考の過程が，ある程度整然と，かつ，効果的に進んでいくためには，集団自体の発達段階がどのあたりに来ているのかを把握しておく必要がある．集団を率いるリーダーは，こうしたことをも加味したリーダーシップ行動をとる必要がある．

(3) マイナス効果を生む要因

さて，わが国では，比較的集団思考が好まれる傾向にあることが日常的にも伺えるが，集団思考の機会が多いからこそ，集団思考のマイナス面にはどんなことがあるかを知っておく必要がある．集団思考がマイナス効果を生む要因については，思考に先立って集団がおかれている環境要因（これを仮に「思考環境要因」とする）と，思考中および思考結果から決定事項にいたるまでの要因（これを仮に「思考過程要因」とする）とに分けて考えることができる．

まず，思考環境要因は，次のようなものが考えられる（中村，1964）．

① 明確かつ強固な集団目標の確立：まず，もっとも重要なのは，集団目標が明確かつ強固に設定されていることである．これが確立されていないと，思考のよりどころとするところが不明確になり，意見の収斂がなされないので，「何かを決める」ところまで至らずに終わってしまう．

②　リーダーシップ・スタイル：たとえ集団目標が明確に確立されていたとしても，その決め方が，強制的なリーダーシップによるものであれば，かえって成員を感情的にしてしまったり，自己防衛的にしてしまうので，率直な意見を十分に出し合うことができなくなる．

③　コミュニケーションのあり方：集団内に活発で十分なコミュニケーションを行う土壌が育っていることが必要である．一人ひとりの成員がどんなに優れた知識や情報をもっていても，コミュニケーションが不十分であるならば，それらが，成員間で共有されることがなく，したがって，集団思考のプラス面——知識・情報の拡大——は得られない．

(4) 思考過程要因

次に，思考過程要因について，有名なジャニス（Janis, I. L.）の分析に基づく考察（吉田，2001）を参考にまとめてみることにする．

①　集団力への過信：集団思考を行うとき，まとまりのよい集団ほど，自分たちの価値観，道徳を過大に評価し，その判断を過信してしまう．こうした現象から集団思考での「意見の極性化」（古川，1988a）が起きる．「意見の極性化」とは，集団思考における意見が，過度に危険を冒す方向に偏るか，あるいは，その反対に慎重で消極的な方向に偏ってしまうことをあらわしている．前者を「リスキー・シフト（risky shift）」，後者を「コーシャス・シフト（cautious shift）」という．凝集性の高い集団ほど，自分たちの集団の価値観や道徳について，再考したり批判したりするものが内部に生まれにくく，集団自体の不滅信奉が生まれる．結果的に，討議の時点ではっきりとした意見を用意していない，あるいは，もっていない成員は，討議中の誰かの強い意見によって自分の考えに影響を与えられることになる．また，他者と比較したときに自分の意見をより優れたものに保とうとして，当初もっていた意見よりも極端化させた方向に意見を修正するからであるという（古川，1988）．さらに，「リスキー・シフト」においては，リスク発生に伴う不安感，発生後の責任を集団で担うこと

ができる，つまり，自分ひとりの責任にはならないという，心理的負担の軽減が働くと考えられている（岡村，1979）．

② 閉鎖的心理状態：一定の方向に向かおうとする自分たち集団の意見を脅かすような状態を招くと考えられる不都合，不利益な情報は，合理化したり，軽視する傾向にある．ここでの「合理化」とは，精神分析に用いられてきた概念で，自分の行為を正当化するために，自分の良心や社会に認められるような理由づけを行うことである．この説明には，しばしばイソップの「キツネとブドウ」の話が用いられる．おいしそうなブドウに手が届かないために食べることができないキツネは，「あのブドウは酸っぱいんだ」といって，食べられないことを「酸っぱいからあえて食べない」のだというように合理化したのである．こうした合理化や軽視が行われるようになると，集団内のみで理解しあえる解釈が常識化し，外部に対するステレオタイプが生じて，ますます閉鎖的になる．近年，こうした状態に陥った結果の組織犯罪には，枚挙に暇がないほどの事例をみることができよう．

③ 斉一性の圧力：斉一性への圧力は，集団凝集性が高いほど強く働くことを先に述べたが，この圧力が，集団のまとまりに脅威となる言動を監視し，禁止する圧力にもなる．したがって，個々の成員は，自分自身の言動に加えて集団内の他者の言動にも注意深くなり，逸脱に対して過敏になる．このために，集団の思考が好ましくない方向に向かっていることに気づいたものがいたとしても，そのことに対する意見を表面化させないことになり，結果的に，間違った判断をしかねない状態を誘発することになる．

以上に記したような集団思考の否定的側面を回避しつつ，集団思考の肯定的側面を引き出しその利点を活かすためには，集団を率いるリーダーの能力，行動——常に外部に目を向けつつ，集団内のコミュニケーションの円滑化をはかり，各成員が偏見や思い込みに気づくように援助する——が大きく作用することはいうまでもない．

演・習・問・題

問1 「集団」が成立する条件をあげよ.
問2 「集団凝集性」とは何か.
問3 「集団思考」がマイナス効果を生まないためにリーダーは何ができるか.

参考文献

Asch, S.（1951）Effects of group pressure upon the modification and distortion of judgements, in Guetzkow (ed.), *Groups, leadership, and men*, Carnegie Press.

Cartwright, D. and A. Zander（1960）*Group Dynamics*, TAVISTOCK PUBLICATIONS.（三角二不二・佐々木薫訳編『グループ・ダイナミックス I』第2版, 誠信書房, 1969年）

Janis, I. L.（1972）*Victims of groupthink：A psychological study of foreign policy dicisions and fiascoes*, Houghton Mifflin.

Lewin, K.（1951）*Feild Theory in Social Science*, Harper & Brothers.（猪俣佐登留訳『社会科学における場の理論〔増補版〕』誠信書房, 1979年）

Sherif, M.（1935）A study of some social factors in perception, *Archives of Psychology*, 27.

Vroom, V. H. and P. W. Yetton（1973）*Leadership and decision making*, University of Pittsburg Press.

古畑和孝編（1988）『人間関係の社会心理学』サイエンス社
古川久敬（1988a）『集団とリーダーシップ』大日本図書
古川久敬（1988b）「集団の硬直および再構造化過程」『組織化学』vol. 21 No. 4
古川久敬（1990）『構造こわし』誠信書房
古川久敬（2004）『チームマネジメント』日本経済新聞社
本明寛編（1998）『ブックガイド心理学』日本評論社
中村陽吉（1964）『集団の心理―グループ・ダイナミックス入門』大日本図書
岡村二郎（1979）「3. 集団による問題解決」原岡一馬編『人間と集団』（人間探求の社会心理学3）初版, 朝倉書店
我妻洋（1987）『社会心理学入門（上）』講談社
吉田道雄（2001）『人間理解のグループ・ダイナミックス』ナカニシヤ出版

《推薦図書》

1. Lewin, K. (1951) *Field Theory in Social Science,* Harper & Brothers（猪俣佐登留訳『社会科学における場の理論〔増補版〕』誠信書房，1979 年）
   レヴィンの「場」の理論を知る原点.
2. Cartwright, D. and A. Zander (1960) *Group Dynamics,* TAVISTOCK PUBLICATIONS.（三角二不二・佐々木薫訳編『グループ・ダイナミックス I・II』誠信書房，1969 年，1970 年）
   論文集ながら，グループ・ダイナミックス研究の古典.
3. 我妻洋 (1987)『社会心理学入門 (上)』講談社
   1 のレヴィンの理論を含め重要な諸理論を，生活経験の中で解説.
4. 古川久敬 (1988)『集団とリーダーシップ』大日本図書
   集団を全般的にとらえるには，丁寧かつ明快.

第9章の要約

　集団が形成されると，目標への効果的な到達のために，きわめて自然発生的に成員に共通の価値や行動の基準ができる．この基準を「集団規範」という．われわれが働く職場は，組織によってあらかじめ作られた集団であるが，ひとつの集団であることには変わりなく，したがって，そこにも「職場規範」が存在する．本章では，この集団規範を検討する．集団規範は，成員が斉一性への圧力を受けて同調する対象であり，その集団にとどまりたいと欲する限り，自らの言動の成否を判断する基準となる．

　凝集性の高い職場ほど，全員一致を目指す気持ちが強くなるので，職場規範からの逸脱は，周囲からの非難の対象であるため，規範を遵守することは，職場の人間関係を良好に保つことにも関係する．

　そして，職場規範は，元来，職場目標の達成にプラスに働くためにできるのであるが，集団のおかれている内外の環境変化によって，マイナス効果を及ぼすものに転化する場合がある．マイナス指向の規範は，職場に安定志向と変化回避，前例・慣行重視の傾向を生み出し，環境変化に対応するための新奇性の受け入れを拒否させるようになる．そこで，職場を率いるリーダーには，マイナス指向の規範の存在に常に気を配り，自らにも，成員にも，既存規範の変容を迫り，本来の規範機能が発揮される，活気ある職場づくりを検討する．

第9章　職場規範と活性化

1. 職場規範

(1) 職場集団

　今や現代人の多くは，生涯のうちの少なからざる時間を，何らかの組織に属して仕事をし社会に貢献することに費やして生きている．企業に雇用される場合，一個人が実際に割り当てられた職務を遂行し日々の仕事生活を送る場所である「職場」もまた，ただ仕事をする「場」というだけでなく，明らかにひとつの集団である．

　職場集団は，組織において，その目標達成のためにあらかじめ形成された集団である．つまり，フォーマル集団である．他方，職務遂行上では公式的な側面を色濃くもちながらも，その内部に，たとえば，テニスの好きなもの同士，将棋が好きなもの同士といったように共通の趣味を介して，あるいは，単に「気が合う」から，「ウマが合う」からという理由での非公式集団が存在しているのも事実である．つまり，職場集団には，フォーマル集団とインフォーマル集団の2つの顔があるといえる．

(2) 同調と集団規範

　第8章で述べたとおり，集団には凝集性が高い集団と，凝集性が低い，あるいは，高くない集団とがある．凝集性が高い集団は，斉一化，標準化，構造化の程度が高い．これをもたらすのが，「斉一性への圧力」であり，集団のもつ圧力である．

　斉一性への圧力をうけて，個人が自らの考えや行動を合わせていくことを「同調」という．アロンソン（Aronson, E.）によれば，「同調」とは，「他者や集団からもたらされる現実の，あるいは想像上の圧力の結果，人の行動や意見が変化すること」（稲本，1988）である．

　集団が形成されると，目標への効果的な達成のために，きわめて自然発生的

に成員に共通の価値や行動の基準ができる（古川，1988a）．この集団の価値基準・行動基準を「集団規範」という．集団規範は，集団にとっては当然，成員の考え方や行動を斉一化・標準化するための道具的要素をもっている．他方，成員にとっては，集団内における自分の行動の仕方，およびその正当性や妥当性を判断する道具であると同時に，心理的安心感を与えてくれるものである（古川，1988b）．したがって，その集団にとどまりたいと思う成員は，この基準に従って自分の言動を検証するようになる．つまり，はっきりと意識していなくても，自分の考え，言動は，この集団の基準に背いていないかということを確かめながら，考えたり，行動したりしているのである．成員は，この集団規範に同調するのである．

　集団規範は，あらゆる集団に存在する．同じ経営体の中でも，部署，あるいは個々の職場によってなんとなく雰囲気が異なるものである．ほとんどの成員が，定時より早くあるいは定時通りに仕事をこなしていく職場もあれば，時間にはまったく無頓着でルーズな職場もある．職場の外での交流はほとんどない職場もあれば，何かと理由をつけては，しばしば就業後に皆で飲み会を開く職場もある．皆が都合しあって，休暇をとりやすい職場もあれば，たまのリフレッシュだからといっても，休暇届を出すにも上司や同僚に気兼ねする職場もある．ここで，ひとつの例として，ひとりの新人Ａさんが職場に新たに入ってきたときに，すでにその職場にある規範に同調する姿を想像してみよう．すでにあるさまざまな職場規範は，いわば，その職場の先輩たち＝多数派によって作り出され，受け継がれてきた意見や態度である．Ａさんは，そうした職場規範に対しては，無知の状態，あるいは，当初の言動によっては，少数派かもしれない．そこで先輩たち，つまり多数者の考えや態度が社会的真実（Festinger, L., 邦訳，1965）であると受け取り，自分の意見や態度をそちらの方に合わせたとしよう．この場合，多数者意見が「情報的影響」（Deutsh, M. and H. B. Gerard, 1955）としてＡさんに受け入れられ，Ａさん自身はそれを本心から受け入れて同調しているので，「私的受容による同調」がなされたとい

う．先輩たちが連日残業と称して，居残っているが，よくみれば全員が急ぎの仕事を懸命にしているようには見受けられない．誰かが残っているから，皆付き合っているだけのようにもみえる．自分の仕事はもう終わった．しかし「お先に失礼します」の一言が出てこない．なんとなくいい出しにくい雰囲気だ．"自分だけ先に帰るのは，印象がよくない．嫌われないように，ここはまず自分も残っておこう"などと考えて，結局残ることにする．このような場合，本心では多数者意見に賛成していないのに，表面的にだけ行動をあわせている．これは，多数者意見が「ここではこうすべきである」という「規範的影響」をAさんに与えたのであって，Aさんは，それに「公的受容による同調」をしたのである．

ひとつの企業の中にも，さまざまな職場像がある．この職場像，職場の雰囲気を作り出しているのが，その集団の規範，つまり「職場規範」に他ならない．職場規範はあらかじめ就業規則などに文書化されているものではない．それにもかかわらず，職場規範はその職場の人びとの心理的側面に働きかけ，場合によっては，公的規則よりも人びとの行動を規定する力さえもつのである．とくに，公的受容による同調は，本心からの同調ではないため，心理的葛藤を生じさせる．それでも，人びとが職場規範に従うのは，シャクター（Schacter, S., 1958）の実験に明らかなように，職場規範に反することによって，当初は同調をよびかける周囲からのコミュニケーションが増えるが，ある一定の段階を待って，それが懐疑，非難の目に替わり，遂には無視される状況をよぶことを恐れるからである．一日のうちの大半を過ごす職場で，できるだけ人間関係を円滑に保ち，気分よく仕事をしたいと思うのは，誰しもの願いではないだろうか．また，逆の見方をすれば，その職場，あるいは集団になんら魅力（心理的にも，物理的にも）を感じなくなり，場合によってはその職場を去っても良いとまで判断したとき逸脱が始まる．また，そうした逸脱は私的受容による同調行動よりも，公的受容による同調行動からの方が起こりやすいことも容易に想像できる．

2. 職場規範の働き

　ここまでに，職場規範が出来上がる背景をみてきた．そこで，次に，職場規範はどのように職場の成員個人に，あるいは職場全体に働きかけるのかをみていくことにしよう．

　集団規範は，いったん出来上がってしまうと，ますます，確固たるものになってくる．また，凝集性の高い集団になるほど，成員の全員一致を追求する気持ちが強くなるので，集団規範からの逸脱は，各成員にとっていよいよ避けなければならない問題になる．ここまで強力な圧力になりうる集団規範（職場規範）であるため，その内容によっては，集団目標達成に関してプラスに働くこともあれば，逆にマイナスに働くこともある．職場の管理者，あるいはリーダーは，職場規範の内容に注意しなければならない．たとえば，同じ職場仲間の好業績を職場全体で喜び，他の成員もそれに触発されてそれぞれの役割，課題遂行にいっそう励むような反応が出れば，その職場には職場目標達成に向けてプラスの規範があるとみることができる．反対に，ひとりの成員の業績を「目立ちたがり」といったような批判的な目でみたり，「生産制限規範」(Homans, G. C., 邦訳, 1959) とよばれる，集団内の個人の生産量を暗黙のうちに制限する（個人の生産量を横並びで決め，働きがそれより少なすぎても，多すぎても他の成員から非難される）といった反応がみられれば，その職場には職場目標達成に向けてマイナスの規範があるとみることができる．職場の集団目標に対して，職場全体で，プラス指向の規範がある場合は，それを一職場を超えて組織全体に行き渡らせるような仕組みがあれば，その組織に高業績指向の規範の発生，維持，強化がおこる．そうした規範発生のためには，まず，成員個人がある業績を収めたならば，職場全体，組織全体としての業績も上がり，さらに個々人がそのことを実感できる組織運営がなされていなければならない（古川, 1988a）．たとえば，ひとりの営業課員が，大口の法人契約を取ってきたとしよう．無事，その契約が履行された暁には，契約を取ってきた本人には，

組織としての特別報酬（支給の形態はどうであれ）が与えられ，チームである職場にも何らかの報酬がある．さらに加えて，組織全体に少なからざる利益をあげたことによって全員に当期の決算賞与が支給される．本人とその職場にとって，その他の組織成員は，"人の恩恵にあずかった"だけだとみえるかもしれないが，結局のところ，自分たちも特別報酬によって，認められているのだから，悪い気はしない．人間とはそういうものである．こうして，集団全体に高業績指向の規範が定着していけば，好循環が起こる可能性は高い．

逆にマイナス指向の規範がある場合，それを変容させるか，取り除くかの手当てを施さなければ，集団目標の達成はおそらく不可能に近い．さらにいえば，先に述べたように，職場集団には，フォーマル集団とインフォーマル集団という2つの顔がある．したがって，フォーマル集団としては，外見上ひとつの集団のように見えていても，その内部に複数のインフォーマル集団が存在するという状態は日常的である．この複数のインフォーマル集団が，集団目標に対して相反する指向の規範を有していたならば，それへの対処は，より複雑にならざるを得ない．

3. マイナス指向の職場規範

集団目標に対してマイナス指向の職場規範は，なぜできるのだろうか．以下にそれをみてみよう．

(1) 集団目標の設定手段に伴う問題

まず，集団目標の設定の仕方に関して考えてみよう．集団目標の設定に際して，集団成員の参加がまったくなされなかった場合，あるいは，職場でいえば，現場の現状や意見をまったく考慮せずになされた場合などでは，成員の心からの賛同を得ることは難しい．企業という組織では，ある一定の活動によって，社会に貢献する役割を担っているために，各職場の役割は大半の部分，あらかじめ分担されている．したがって，それぞれの職場が目標とすべき事柄につい

ても,組織によって強制されているような感覚を成員がもったとしても不思議ではないというのが事実であろう.

しかし,そういった感覚がすべてであれば,好ましい規範発生への期待は薄い.職場の管理者,あるいはリーダーは,組織の意向を体現するのが役割であるが,また,組織と個々の成員をつなぐパイプであり,両者のそれぞれの相手への期待の調整役でもある.組織目標から分担された集団目標をいかに成員参加の形で受け入れるかが問われることになる.

(2) 集団の発達段階に伴う問題

次に,第8章でみた,集団の発達段階における問題がある.ここで再び古川(1988b)のいう老年期の集団における問題をとりあげ,その集団のもつ規範の視点からみてみよう.先に記したように,老年期の集団においては,集団の斉一化,標準化,構造化の度合いは最高地点に達する.成員たちは,個人的にはそれぞれの仕事に習熟し,得意分野ができ,専門性が身に付いてくる.集団全体としては,各人が互いに気心が十分に知れ,活動自体が固定化し,マニュアル化が進む.いつもどおりの仕事に関しては,もっとも効率が上がる状態になる.

しかしながら,このことは,次のような弊害も同時に生み出している(古川,1990).第1に,個々の成員の役割がはっきりしてくるために,同じ職場であっても,他人の仕事には口を挟まなくなる.これは,「私はあなたの仕事について何も口出ししません.その代わり,私の仕事についても,とやかくいわないでください」という,暗黙の相互了解事項が成立するからである.結果的に,自分の仕事に他者の意見を入れないことになり,仕事内容や手順を多角的に見直すことができなくなる(よりよい方法があるかもしれないのに).つまり,相互不可侵と自己防衛の職場規範が発生するのである.

第2に,意思決定に際しては,検討事項にかかわる諸条件の変化という疑いももたれず,「前例どおり」「慣行どおり」の判断が自動的になされることが多くなる.このことは,まさしく,それまでに「こういう種類の課題の場合は,

このように処理するべき」という規範があるからに他ならない．これは，同時に異質なもの（考え方や手順など）を排除し，新規なものの実行に付帯する不安感を避けようとする心理から発生する．

　これらの弊害は，職場内のコミュニケーションにも現れる（古川，1990）．先に上げたように，各人の仕事上の相互不可侵意識，言い方を変えれば，なわばり意識ができあがるために，互いの仕事に触れるような内容の会話がなくなる．会議やミーティングも形式化し，議論するというよりも，相互伝達だけの会になってしまう．さらに，形勢の悪い情報ほど，伝達が悪くなる．ある企業では，自社製品のリコールにかかわるほどの情報であっても，「組織の上層部には，悪い情報は報告しない」という，はなはだ社会的常識では考えられない職場規範があったらしい．

　このような「安定志向と変化忌避」の傾向（古川，2004），「前例・慣行重視」の傾向が強まると，課題対処におけるアイディアの新奇性を歓迎する態度や，異質性を受け入れる心理的余裕が，成員個人にも集団全体にも抑制されるようになる．革新性は，かえって避けられるようになり，そのため，外部環境の変化にも関心が向かなくなる．あるいは，変化を察知しても，見て見ぬ振りをしてしまう．"どうせ，自分の仕事じゃない"，"余計な波風はたたせないでほしい"，といった具合である．集団発達上の初期においては，その目標達成のために「職場規範」が発生する．いわば，集団は「規範の集合体」（古川，1988a）であるともいえる．それら諸々の規範が，集団の成熟とともに発達し，逆に目標達成を妨害する要素になるとは，皮肉なことである．

4. 職場の活性化

　上にみたマイナス指向の職場規範がそのまま放置されること，早晩その集団は，維持されること自体が，組織全体にとっての弊害になる可能性さえある．集団を維持・継続・さらなる発展へと結びつけるには，集団目標にマイナスに働きかける規範を変容させ，求められる新しい適切な規範を定着させていくこ

とが必要になる．そのためには，何よりもまず，職場のリーダー行動が手がかりを作り出し，それを実行に結びつけることが先決である．以降は，職場規範の変容とそれに期待されるリーダー行動を古川（2004）の理論を中心にみていくこととする（図表9－1参照）．

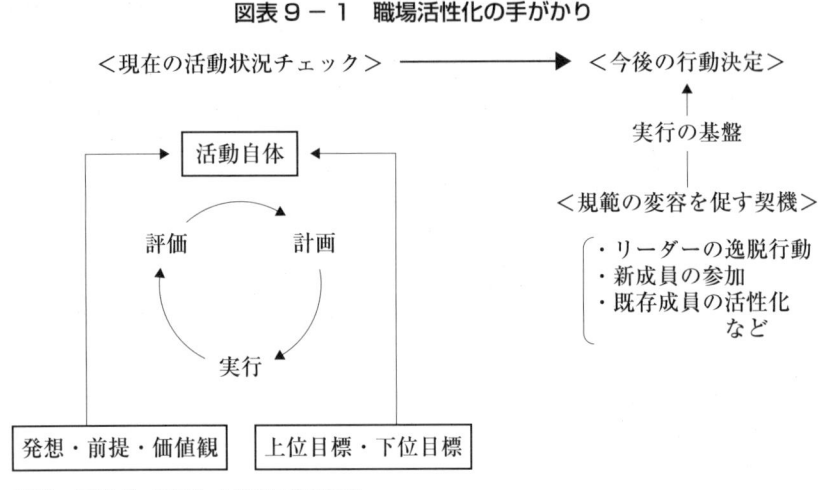

図表9－1　職場活性化の手がかり

＜現在の活動状況チェック＞　――――→　＜今後の行動決定＞

活動自体
評価　計画　実行
発想・前提・価値観　上位目標・下位目標

実行の基盤

＜規範の変容を促す契機＞
・リーダーの逸脱行動
・新成員の参加
・既存成員の活性化
　　　など

出所）古川久敬（2004）を参考に筆者作成

(1) 現在の活動の現状チェック

1) 上位目標，下位目標の妥当性のチェック

活動チェックの対象となる集団が職場である場合には，職場全体の目標は，より上層部からの割り当てである場合がほとんどである．これを，仮に上位目標としよう．上位目標は，そのまま職場の最終達成目標になるのだが，実際の職場では，それらがよりブレイクダウンされて個々のチームや個人の目標になる．それは，見方を変えれば，各成員への役割分担へとつながるのである．そこで，そうした個別の下位目標および役割分担自体が，適切かどうかをチェックしなければならない．ここで，目標を再度明確にし，確認することが，次の活動自体のチェックの基礎になろう．

2) 活動自体のチェック

いわゆる「マネジメント・サイクル」がここでも現状チェックの視点である．計画・実行・評価の項目一つひとつについて丁寧に観察し，問題点がないかどうかを検討していく．「現在のところ，不都合なし」と思っていることでも，本当にそうなのかどうかを細かく確認する必要がある．なぜならば，「問題ない」と思っていること自体，慣行による業務遂行の定着のおかげで，かえって不都合に対する感受性が鈍っているかもしれないからである．

3) 発想・前提・価値観のチェック

現状で稼動している計画・実行・評価のサイクルのそれぞれには，そのように計画され，実行され，評価される根拠となる発想や前提があるはずである．それらが，時代の要請にあったものかどうか，外部環境の変化には対応しないものになっていないかを再確認する必要がある．これらが，適切でなければ，実は活動自体のチェックも十分に適切にはできないことになる．

4) 今後の行動を決定する

1)，2)，3) をうけて，リーダーは，当該職場が今後どのような活動をしていくかを判断しなければならない．どの部分（要素）をどのように変更するのか，継続するのかを見極める必要がある．とくに，変更を迫られる事態になっている場合，既存の状態に揺さぶりをかける．すなわち，このことが，既存の規範をゆるがすことになるために，成員の心理的抵抗を招くことは必至であることを考慮に入れておかなければならない．

(2) 規範の変容を促す契機

1) リーダー自身の課題

人は誰もが多かれ少なかれ，自己擁護傾向をもっている．つまり，悪いことは，その原因を外部に，良いことは，その原因を内部にもとめる傾向がある．リーダーといえども，例外ではない．古川（2004）によれば，高業績を達成している集団のリーダーほど，自分たち集団の有能さを信じて疑うことがなく，

したがって，ある時点からの業績低下も，一時的なものとして看過したり，その原因を統制不可能な外的要因に帰属させがちであるという．また，個人的にも，高業績集団における規範や構造づくりにおいて，多大なエネルギーを注いできたという自負心に縛られて，集団内外の状況変化に即座に対応することに二の足を踏む傾向があるともしている．

　しかしながら，悪しき集団規範を変容させ，その構造をつくり変える行動をリードするのは，もちろん，当該集団のリーダーに他ならない．リーダーは，まず，その「自己呪縛」(Staw, B. M., 1976) に気づいて自身を解放しなければならない．

　次に，リーダー自身が悪しき集団規範からの逸脱行動を取り，成員にそのことを示すことである．リーダーは，規範から少々外れる行動をしても，成員から心理的制裁を受けないという，いわば成員から与えられた一種のクレディットをもっている（古川，2004）．これによって，集団規範のネガティブな部分に揺さぶりをかけ，成員がその原因に気づくように働きかけることも必要である．その理由は，公的受容による同調，いいかえれば，強制的同調は，成員の集団への魅力が感じられなくなったときに，逸脱行動を生みやすく，したがって，リーダーは，成員たちが私的受容による同調をもって，規範を変容させることを促す必要があるからである．このとき，リーダーの逸脱行動で，成員たち，あるいは集団全体が大きな損害を受けたならば，リーダーのクレディットはたちまちにして失われることに注意しなければならない．また，変容後の新しい規範が成員に受け入れられるまでの一次的な期間の孤独にも，耐えなければならない．

　2）集団成員の出入

　既存の職場規範の変容は，成員の交代によっても起こりうる．企業組織における集団では，その発生から成員の顔ぶれがまったく変化しないということ自体，あり得ないといってよい．したがって，職場成員（リーダー自体も含む）の交代，あるいは出入は，規範変容の好機ととらえることもできる．

新しく職場に参加した成員は，それまでの経験や知識から新しい価値観や意見をもっており，既存の職場規範の報酬（他の成員に受け入れられること）や罰（非承認，無視）は，あまり重要だとは思われない場合が多く（少なくとも，既存の成員ほど切実ではない），同調行動を引き出しにくい．また，そうした成員の参入によって，職場内のコミュニケーション構造が変化するので，そこを通る情報についても，これまでと異なる反応や，流れができる．このことが既存の職場規範の変容にいっそう拍車をかける可能性が高い．

3）既存成員の活性化

　ここまでの議論をまとめると，老年期の集団には，集団の硬直化現象によって，目標達成に向けてマイナスに作用しがちな規範がはびこり，「良いことなし」のような印象がもたれる可能性大であった．しかしながら，みる角度を変えて，今一度この段階の集団のポジティブな側面をあげてみると次のような点がある．まず，斉一化，標準化，構造化が高度に達しているので，当然ながら集団凝集性は高い．個々の成員の専門性が深まっているので，それぞれの分野における経験，知識，情報の蓄積量が多い．したがって，既存の規範見直しについて，リーダーが一人ひとりの成員の経験，知識，情報を引き出しながら，コミュニケーションをとっていくことが既存成員の活性化に必要な行動の第一段階であるといえる．そもそも規範は，集団内多数派のある考え方や振舞い方，あるいは価値観に対して，少数派が同調していくことによって成立する．したがって，リーダーが各成員と個別に議論してみれば，本心では既存の規範に批判的であったり疑問をもっている，つまり，公的受容による同調しかしていない少数派が存在する可能性がある．リーダーは，こうした少数派を見つけ出すこと，それらの成員の経験，知識，情報を裏づけに，既存の悪しき規範に揺さぶりをかけることが，次の段階に必要な行動である．こうした行動の当初は，多数派からの否定的態度による攻撃があることは当然である．しかし，少数派が妥当性を確信して，一貫した主張を行っていると推察させるような行動様式は，多数派に単に公的受容による同調を超えた同調行動を引き起こすという実

験（Meneth, C., Swedlund, M. and B. Kanki, 1974）が示すように，少数派と多数派の立場の逆転も可能なのである．このとき，リーダーは，当初変容後の新規範に同調してくる成員が，自分の考え方や行動が間違ったものではないということを実感できるような報酬（物質的報酬に限らず，報酬承認や激励，感謝を表す言葉かけなど精神的報酬を含む）を付与することが重要である．これらの状況を目にしながら，新しい規範に同調する成員が増加してくると，凝集性の高い集団であるがゆえに，多大な時間を要することなく新しい規範が主流になる．

ひとたび規範の新旧の入れ替えがおこると，仕事の手順の変更，役割分担の変更，コミュニケーション構造の変更など集団内にさまざまな変化が起こる．こうした変更が，再び新しい発想を呼び起こし，新たな規範が芽生えると同時に，それまでの成員自身の保守的，自己防衛的心理が緩和されて，異質性を受け入れやすい体質に変わっていくことが考えられる．こうしたサイクルを創り出すことができれば，既存成員が大半を占める老年期の集団の活性化も決して困難なことではない．

5. 職場規範再考

仕事の場である職場は，多くの場合，その成員の要請に応えて存在するものではなく，あくまでも，組織の要請によって存在するものである．また，多くの場合，それを率いる管理者も，集団内の役割分化によって誕生したのではなく，好むと好まざるとにかかわらず，組織による任命でその役割を担うことになったに過ぎない．したがって，本章に登場してきた集団のリーダーが，必ずしもイコール管理者というわけではない．個々の職場成員からみれば，縁あって配属された職場に，偶然同じように配属されたほかの成員たちがおり，なにやら管理者も決まっていて，組織目標達成のための当該職場の目標達成に必要な業務遂行に励むべし，というのが心構えのようにも思える．

しかしながら，本当にこのように"あてがわれた"集団としてしか，職場を感じられないとしたら，なんと空しい仕事世界であろうか．実際には，職場の

人間関係は，組織で働く人びとにとって，いつの場合も軽視できぬ関心事であるし，場合によっては，そのこじれによって，組織を離れるようなことが起これば，人生そのものに少なからざる影響を与えるものである．本章でみてきた「職場規範」は，まさしく成員がこの職場での社会的人間関係を円滑にするために，心からにせよ，表面的にせよ同調するものであったことを考えると，組織で働く人びとに，紛れもなく関係的な人間集団に所属していることを自覚させるものであるといえる．さらに，組織で働く多くの人びとの場合，現在のところ職場での仕事時間は，生活時間の中で割り当てられる時間比率がきわめて高いといえる．職場が，元気で明るいものであることは誰もが望むことである．職場規範は，成員の価値観や行動を通じて，そうした職場の活力を生み出したり喪失させたりもする．集団が硬直化の傾向を見せ始めるきっかけ，場合によっては，その原因が，悪しき規範の存在であるともいえる．この意味でも，職場管理者は，自職場の規範の内容に気を配らねばならないと同時に，繰り返し，そうした規範を変容させる行動をとるリーダーシップを発揮することが必要である．

演・習・問・題

問1　職場規範が成員にもたらす影響を述べよ．
問2　職場規範の見直しについてリーダーが留意すべきことをあげよ．
問3　職場の活性化にとって，成員の交代に意義は何か．

参考文献

Deutsh, M. and H. B. Gerard (1955) "A study of normative and informational social influences upon individual judgment," *Journal of Abnormal and Social Psychology,* 51.

Festinger, L. (1957) *A Theory of Cognitive Dissonance,* Row, Peterson and Company.（末永俊郎監訳『認知不協和の理論』誠信書房，1965年）

Homans, G. C. (1950) *The Human Group,* Harcourt, Brace & Co. Inc.（馬場

明男・早川浩一訳『ヒューマン・グループ』誠信書房, 1959年)

Meneth, C., Swedlund, M., and B. Kanki (1974) Patterning of the minority's response and their influence on the majority, *European Journal of Social Psychology*, 4.

Schacter, S. (1958) "Deviation, rejection, and communication," *Journal of Abnormal Psychology*, 46.

Staw, B. M. (1976) "Keep-deep in the big muddy: A study of escalating commitment to a chosen of action," *Organizational Behavior and Human Performance*, 16.

古畑和孝編 (1988)『人間関係の社会心理学』サイエンス社

古川久敬 (1988a)『集団とリーダーシップ』大日本図書

古川久敬 (1988b)『組織デザイン論』誠信書房

古川久敬 (1990)『構造こわし　組織変革のための心理学』誠信書房

古川久敬 (2004)『チームマネジメント』日本経済新聞社

稲木哲郎 (1988)「同調と逸脱」古畑和孝編『人間関係の社会心理学』サイエンス社

本明寛編 (1998)『ブックガイド心理学』日本評論社

中村陽吉 (1964)『集団の心理 - グループ・ダイナミックス入門』大日本図書

我妻洋 (1987)『社会心理学入門 (上)』講談社

吉田道雄 (2001)『人間理解のグループ・ダイナミックス』ナカニシヤ出版

―――――《 推薦図書 》―――――

1. 古畑和孝編 (1988)『人間関係の社会心理学』サイエンス社
   人と集団に関する諸理論を，広範にわかりやすく解説．
2. 古畑久敬 (2004)『チームマネジメント』日本経済新聞社
   現代的問題を含めたミドルマネジメントのリーダーシップの方法論享受．
3. 古川久敬 (1990)『構造こわし　組織変革のための心理学』誠信書房
   集団の活性化手順を，それに付帯する成員の心理的側面とともに具体的に論述．
4. 山田雄一 (1989)『統率力』講談社
   時代に変化しない現場リーダーの手引書といえる名著．

第10章の要約

　本章では，まずコミュニケーションとは，何かを検討したい．ある媒体を用いて何らかの情報を伝達したり，交換したりする社会的行為であるコミュニケーションは，情報の送り手，メッセージ，チャネル，受け手の4つの構成要素からなっており，それぞれの特長によってその種類が分類されている．

　コミュニケーションは，送り手が情報を送り出すときに，すでに単純化されたり，修飾されたりして，歪められることが多く，また，受け手が情報を自分の都合の良いように受け取るという心理から，さらに正確性を低くしていく傾向がある．

　さらに，職場のコミュニケーションを取り上げる．そこでは，とくに上位者に対する情報は，下位者の心理的な問題によって，その迅速性，正確性に差が表れる．上下関係に相互の信頼感が存在すれば，情報の迅速性，正確性は，保たれる場合が多い．したがって，職場のリーダーは，成員間の関係性を高める情緒的コミュニケーションを重視して，コストを惜しまず，自発的・積極的にコミュニケーションの推進役としての役割を担っていかなくてはならない．さらに，対面的コミュニケーションを意識して実行することで，コンピュータ化による今日的課題にも対処していくことが必要である．

第10章 コミュニケーション

1. ホウ・レン・ソウ

　われわれが学生という身分を終えて初めて職場に配属されると，「まず，"ホウ・レン・ソウ"を心がけて，コミュニケーションを良く取るように」と先輩や上司から職場生活における基本心得を教えられる．仕事世界では，常識的な"ホウ・レン・ソウ"とは，「報・連・相」のことであり，「報告・連絡・相談」の略称であるのは，ほとんど周知のことであるといってもよい．「この会議の資料を○月×日までに，作成しておくように」と指示されたところを想像してみよう．"期日が決まっているのだから，それまでに仕上げればいいのだ"と単純に解釈してしまうと，多くの場合，指示を出した上司や先輩から，先ほどの基本心得がなっていないと忠告されることになる．期日までの時間が長いほど，「現在どのような内容で，どの程度まで進んでいるのか」といった進捗状況を報告することが必要である．途中で，その仕事に影響するような情報を得たり，困難な事態が発生した場合，指示者や関係者に期を逸せずに連絡する．そして，その情報の処理をどうするか，その事態をどうやって切り抜けるか，今後の仕事の進め方を変更しなくても良いかどうか等々に関して相談する．「"ホウ・レン・ソウ"を心がけよ」というのは，こうした一連の行動様式を要求されているのである．"自分に与えられた仕事なのだから，期日に間に合いさえすれば，どのようにやろうと，自分の勝手ではないか"と思っていると，「常識のないヤツだ」とか，「コミュニケーションがなっていない」といわれて問題視される．核家族化ならびに少子化で，子どもの頃から基本的なコミュニケーション技術の習得機会が欠落したまま社会人になった世代ほど，このような場面の主人公になる場合が多い．チームでひとつの仕事を成し遂げ，公私共に苦労も喜びもチーム全体として分かち合うことに好感を抱くわが国企業の職場では，とくにきめ細かなコミュニケーションを重要とする傾向が強い．

　ここで取り上げた"ホウ・レン・ソウ"に代表されるように，良好な職場コ

ミュニケーションは，組織人の基本かつ常識であると，おそらく組織で働く人びと全員がとらえているはずである．それにもかかわらず，コミュニケーションは，とくに，仕事上の問題が起こった場合等，仕事をとりまくネガティブな側面で問題にされることが多い．「そのことについては，担当者から聞いていなかった」「部内のコミュニケーションに問題があった」等々，さまざまな企業犯罪や事故の内容調査で明らかになるこれらの弁明には枚挙に遑がない．そこで，コミュニケーションとは何か，について確認しつつ，職場からの視点を中心にみてみることにしよう．

2. コミュニケーションとは

(1) コミュニケーションの構成要素

われわれは，何らかのコミュニケーションをとって日々の生活を送っている．コミュニケーションとは，ある媒体を用いて何らかの情報を伝達したり，交換したりする社会的行為のことである．コミュニケーションは以下の4つの構成要素から成り立っている（長田, 1988）．

① 送り手：情報の発信者
② メッセージ：情報の内容
③ チャネル：メッセージが搬送される通路
④ 受け手：情報の受信者

(2) コミュニケーションの分類

コミュニケーションは，前述の4つの構成要素の特性に従って，図表10-1のように分類される．

1) 送り手

この送り手の特性としては，情報発信の動機が考えられる．送り手が，何らかの目的を達成するための手段として用いる場合のコミュニケーションを道具的コミュニケーションという．それには，次のような場合がある（古川，

図表10－1　コミュニケーションの分類

構成要素	視　点	種　類
送り手	情報発信の動機	道具的コミュニケーション
		要求充足的コミュニケーション
メッセージ	情報伝達の記号	言語的コミュニケーション
		非言語的コミュニケーション
チャネル	搬送の方向	一方的コミュニケーション
		相互的コミュニケーション
	搬送の経由点の有無	直接的コミュニケーション
		間接的コミュニケーション
受け手	受信者の種類	個人間コミュニケーション
		個人内コミュニケーション

出所）長田雅喜（1988）を参照して筆者作成

1988a)．

① 情報量を増すことによって不確かな事態に伴う不安感や不快感を減少させるために，周囲に働きかける場合：たとえば，駅に着いたが，電車が運転を見合わせている．どうしてなのか，いつ復旧するのか．案内の掲示板だけでは足りない情報を得ようと，駅員に詳しい情報を求めて話しかける．あるいは，自分より前にそこに居合わせている人びとから，何かを聞きだそうと話しかける，などの行為をとる場合が考えられる．

② 課題解決のために情報を収集する場合：ここでは，ある課題の解決を迫られた場合，関連する情報を収集するために周囲に働きかける行為と，集められた情報について，課題解決にむけて検討するために関係者に働きかける行為との2段階がある．

③ 自分の考えを伝えて，周囲に支持を得ようとする場合：これは，集団に大きな影響が見込まれるので自分の考えだけでは決められない，といったような課題に対して行われるコミュニケーションの種類である．こうした場合，自分の考えを関係者に伝え，相手からみて，自分の考えが正当か，あるいは妥当かを判断しようとする場合である．

④ 事態をコントロールし，影響力を示す場合：小学校の学級会では，普

段あまり発言しない児童が，運動会のことになると，あれこれさまざまなアイディアを出し，皆をリードしていくなどということは，よくあることである．これと同じようなことは，職場でも見受けられる．会議で多くを発言する人は，何らかの影響力をその場に及ぼすことを考えている場合がある．逆に，多くは地位の高い人ほど周囲から発言を期待され，「部長はどのように考えておられますか？」と意見を求められることが多い．

このような道具的コミュニケーションに対して，おもに送り手の感情表現の手段としての要求充足的コミュニケーションがある．これは，不安や怒りなどを表現することによって，心理的緊張を緩和しようとするためである．とくに，親しい間柄の人に表現することによって「喜びは2倍に，悲しみは半分に」とは，よくいわれるが，これらはこのことを代表している．

2）メッセージ

この特性については，言語的コミュニケーションと非言語的コミュニケーションに分けることができる．そもそも，コミュニケーションとは，自分が発信したい情報を何らかの記号に換えて相手に向けて送り出すことから始まる．前者は，この記号が言語である場合であり，したがって，言語が対人間での共通のシンボルとして存在するときに効果がある．後者は，言語以外の記号，たとえば，視線や身振り，対人距離などを用いるコミュニケーションのことである．また，言語以外には声の高低や，話す速度なども非言語的コミュニケーションに分類されるので，厳密にいえば，言語と非言語の区別は明確ではない．通常，われわれは言語的コミュニケーションと非言語的コミュニケーションを同時に織り交ぜながら，コミュニケーションをとっているといえよう．ただし，非言語的コミュニケーションは，送り手と受け手の双方に共通に意味づけが確立された記号を用いないため，メッセージの内容に曖昧さを多く残している．この特性のため，たとえば，内容が感情である場合は，言語的コミュニケーションよりも非言語的コミュニケーションの方が，かえって正確にその内容を

伝えるという研究もある（Leathers, D. G., 1986）．一方，言葉の内容や意味が意図的で意識される程度が高いのは，言語的コミュニケーションであるといわれる（大坊，1998）．曖昧性が高い非言語的コミュニケーションは，それが原因でコミュニケーション上の問題を多く含んでいるといえるが，いずれにせよ，人間の行動から感情を取り除くことは，きわめて非現実的であることから，われわれのコミュニケーションから，非言語コミュニケーションを排除することはできない．

  3) チャネル

  これは，メッセージが搬送される通路である．これには，メッセージが一方向だけに流れる一方的コミュニケーションと，双方向に流れる相互的コミュニケーションがある．前者は，メッセージの送り手と受け手は固定しているのに対して，後者は送り手と受け手が互いに入れ替わる．大教室での講義のように，受講生が多数のため，教員が講義内容を一人で話して終わってしまうのは，一方的コミュニケーションによる授業である．対照的に，比較的少人数で，質疑応答や議論を教員と学生，あるいは学生同士が交わすゼミナールなどは，相互的コミュニケーションである．また，メッセージ搬送時にある特別の媒体を用いる間接的コミュニケーションと，送り手と受け手が対面して直接行う直接的コミュニケーションという分類もある．これらの組み合わせを考えると，一方的かつ間接的コミュニケーションは，テレビ，新聞などにみられるマス・コミュニケーションであり，相互的かつ直接的コミュニケーションは，人びとの会話で通常みられるパーソナル・コミュニケーションである．

  4) 受け手

  この特性として，それが誰であるかに注目する分類の仕方がある．個人内コミュニケーションと個人間コミュニケーションである．前者は，つまり，いち個人がメッセージの送り手と受け手の両方になる場合であり，人間の思考作業の出発点である．したがって，通常，コミュニケーションという場合は，個人間コミュニケーションをさしている．

3. 職場のコミュニケーション

(1) コミュニケーション・ネットワーク

　先に，コミュニケーションの構成要素として，チャネルを「メッセージの搬送される通路」とした．これまでは，コミュニケーションを個人と個人の間でのメッセージの伝達，あるいは，やりとりとしてみてきたのだが，職場，つまり集団内でのコミュニケーションを考える場合，多くはより多数の人びとがコミュニケーション・チャネルにかかわってくることを想定しなければならない．つまり，メッセージの搬送通路が単なる道ではなく，通路網としてあることが一般的である．こうした，メッセージの伝達，交換の通路網のことをコミュニケーション・ネットワークとよぶ．

　通常，フォーマル集団（たとえば企業組織など）では，コミュニケーション・ネットワークが，メッセージ搬送の効率が最大限になるように整備されている．官庁や官僚的性格の強い会社組織では，係員↔係長↔課長↔部長のように，組織階層の順にコミュニケーション・ネットワークが制度化されている場合が多い．したがって，たとえば，もっとも下位の係員が，係長を飛び越して，直接，課長にある情報を伝達したり，相談したりすると，「直属の上司を差し置いて何事か」と（ここでは多くの場合，係長に）注意を受ける事態が生じるのはこのためである．また，近年，「組織のフラット化」という言葉をしばしば耳にすることがあるが，これは，組織の階層数を少なくすることによって，意思決定の迅速性をその目的の重要事項としている．意思決定自体が，組織の中を上下左右に搬送される情報をもとになされ，また，決定事項が組織内に伝達されるという性格をもつことから，組織階層数が減少することによって，コミュニケーション・ネットワークの段階を少なくし簡略化させて，効率を上げようというのである．以上のことからも，コミュニケーション・ネットワークのあり方と，集団の効率が深く関与していることがわかる．コミュニケーション・ネットワークの型と集団効率との関係については，これまで多くの研究が

なされている（長田，1988）．

(2) コミュニケーションを歪める原因

われわれの日常生活の中でも，相手のメッセージを聞き間違えたり，自分の考えていることが正確に伝わっていなかった，ということが起きることがある．実際には"正確に聞き取っているのに，誤って解釈している"場合や，"正確に伝えているつもりでも，メッセージの内容が不十分であった"場合などが少なからずある．こうした事態はなぜ生じるのだろうか．その原因についてみていこう．

1) 情報の単純化と修飾

電車の中で雑誌の中刷り広告をみる．その号の特集や，スクープ記事などの大見出しがそれらの内容のほとんどである．中刷り広告というスペースが極端に限られている場所に，読者の興味関心をそそり，購買意欲を刺激しようとする出版社側の思惑が詰まっているようだ．中刷り広告を読んだわれわれのほうはどうか．興味がある見出しほど，いろいろなことを想像しながら読んでいる．そして，自分なりの解釈をして，そこまでのところ一応納得する．納得できない人は，おそらくその雑誌を実際に買って読むのだろうし，それほどまでに関心がない人は，買わずにいるか，時間の経過とともに忘れてしまうかもしれない．

上の例は，コミュニケーションにおける内容の歪み問題をわかりやすく物語っている．つまり，内容が長く複雑な情報は，送り手によって短縮され，また，単純化されて送り出される．購買を促す媒介手段としての広告では，情報の受け手の「もっと知りたい」心理を刺激するために，情報の短縮化，単純化が，それに合わせて意識的に巧妙に行われるのであるが，実際の日常のコミュニケーションの中でも，こうした事態は常に発生している．とくに，口頭でのコミュニケーションのみの場合，送り手の情報内容を一言一句間違えずに誰かに伝えることは，それらが，長く，複雑になればなるほど困難である．伝言

ゲームがゲームとして成り立つのは，この問題があるからである．

他方，情報の受け手は「解釈」という作業を通じて情報を取り込む．この解釈作業の段階でも問題は発生する．人は多かれ少なかれ，その情報を受けた時点での自分の気持ち，欲求，願望に都合の良いように内容を解釈しがちである．とくに，中刷り広告に代表されるようにメッセージに不明確な，あるいは曖昧な部分が多い場合，受け手は自分の経験や好み，志向性に合わせて解釈することになる．

先ほどの電車の中刷り広告の場合，コミュニケーションの分類でいうと一方的かつ間接的コミュニケーションであるので，コミュニケーションの段階は，雑誌編集者が雑誌という媒体を介して，われわれ個人に情報を搬送してきたことになる．この場合は，この段階で一度情報の流れに区切りがつく．ところが，次に，情報の受け手だったはわれわれが，今度は送り手になって，自分がみてきた中刷り広告の内容を他者に伝えることもあるだろう．「○○は，じつは，××らしいよ」など．こうして受け手の解釈によるメッセージ内容が，次のコミュニケーション段階では，受け手が送り手となって再び送り出されることになる．結局のところ，この連鎖が情報を次々と歪めてしまうことになり，当初のメッセージ内容から欠落していくものと，まったく新しく付け加えられてしまうものとが混在し，ことによってはかなり違った内容に変容する場合もある．「あの時，ちゃんといったのに」「そんなことは，いってない」などという事態は，誰しも経験があるだろう．この欠落部分も追加部分も，送り手・受け手それぞれの都合の良いように選択され，処理される．あるいは，常識に照らし合わせて，自分が非常識だと思われないように解釈をまげられる．こうしたことが，コミュニケーション内容を歪める原因のひとつである．

相互的コミュニケーションの場合は，メッセージの送り手と受け手が相互に入れ替わってコミュニケーションを繰り返すので，メッセージあるいはコミュニケーション内容の歪みは，ある程度是正されるが，一方的コミュニケーションの場合は，メッセージ搬送経路の中継点が多くなる，つまり，メッセージが

通過する人数が多くなるほど，その内容の変容は大きくなるといわざるを得ない（長田，1988）．

2）組織内の地位に起因する原因

集団にはその発達上で，内部に成員間の役割の発生と地位の分化が起きる．企業組織においては，むしろ組織全体からみた役割や地位が予め設けられていて，それぞれの椅子に人員が配置されるという順序になることが大半であるが，いずれにせよ，地位の上下関係が存在することになる．

ある集団にとって価値をもつ情報は，多くの場合，集団成員によって共有されているが，その情報が何らかの意思決定にとって有効となるためには，その集団の主要な地位，あるいは，その意思決定過程での中心的役割を担うべき地位の成員に，いったん集約されて統合された後，活用されることになる場合が多い（古川，1988）．組織集団においては，そうした地位にある成員は，多くの場合，その集団の管理者，あるいはリーダーであり，したがって，公式組織の階層上，他の成員よりも高い地位にある．こうしたことから，地位の低い成員から高い成員へ向けての情報伝達は，とくに正確さを必要とされる．

しかしながら，実際の職場をみてみると，地位の低い成員から高い成員への情報伝達は常に正確であるとは限らない．とくに，地位の低い成員には，自分の立場が悪くなるような内容の情報（たとえば，自分が作成した資料の間違い，担当商品の欠陥，地位の高い成員への批判的意見等々）を伝達する場合，その行為自体を抑制する心理が働くために，情報伝達の迅速性，正確性が損なわれやすい．自分の立場が悪くなるということは，その背景にどのような意味があるのだろうか．職場内，組織内での個人の評価には，一般的には，直属の上司の意見の影響が大きい．したがって，立場が悪くなることは，評価が低くなることと同義であると受け取られやすい．組織内での地位を高めたいと欲している多くの成員は，評価が低くなることを恐れるのである．

逆に，地位の低い成員が，積極的に正確な情報を上位者に伝達しようとする場合もある．それは，いわゆる上下関係の信頼度によって左右される（古川，

1988) のである.たとえば,上司・部下関係において,強い信頼関係が成立している場合,伝達される情報の正確さは高くなる.自分の立場が悪くなるような内容であっても,集団全体,組織全体のことを考えれば,迅速かつ正確に伝えなければならない情報であれば,そのことを上司はきっと理解してくれるはずである,という気持ちが部下にあれば,コミュニケーションの停滞は回避できよう.また,上司の方も,そうした部下の期待に応えることが必須であろう.つまり,そうした信頼関係の有無が,正確な情報をもたらすコミュニケーションの成立に欠かせないのである.

そこで,自社製品のリコール隠しについて,「社内には,『悪い情報は上に上げない』という慣習があり,そのことが製品の欠陥についての迅速な対応を怠らせた」と弁明した企業幹部のことが思い出される.あたかも,その悪しき企業風土のせいで,「私は知りませんでした」といったように聞こえる発言であったが,そうした企業風土があることを知っていながら,それを放置しておいた幹部たち自身が問題であろう.「組織内の壁をなくす」「オープンな組織風土」などという表現は,上下の信頼関係を築くことをその目指すところのひとつにしている.先人たちは「善は急げ」といってきたが,ことさら組織活動にまつわる情報に関しては,まず,「悪は急げ」である.ネガティブ情報の遅滞,停滞が,最終的には企業の社会的責任まで問われる重大事に発展するリスクは高い.内容の良否を問わず,必要な情報が必要な役割と地位にある成員に速やかに,かつ正確に搬送されなければならない.そこで,次に,コミュニケーションを円滑にする集団づくりのためのリーダー行動についてみることにする.

4. チームマネジメントにおけるコミュニケーション

(1) リーダーの位置づけと役割

ここではまず,リーダーがコミュニケーション・ネットワークの中でどのような位置づけにあるのかをもう一度確認しておこう.先に触れたように,リーダーは,ひとつの集団の中では上位者であるため,下位者あるいは部下から情

報が寄せられる立場にある．そうだからといって部下が「ホウ・レン・ソウ」に来るのをただじっと待っているばかりでは重要事項の処理の時機を逸するかもしれない．職場のコミュニケーションにおける下位者の心理を考えれば，自ら積極的にコミュニケーションをとるように日ごろから心がけ，しかも，それを実行することが重要である．

とはいうものの，日常的な業務に追われ，また，自らも，その上位者に対して，コミュニケートする必要もあるため，職場内コミュニケーションの重要さを知っていて，実行しているつもりだけで終わっていることもしばしばある．リーダーたちは，この点をもう一度自分自身で確認することが必要である．また，職場に限らず，コミュニケーションをとるということは，相手にもこちらに注意を向けてもらうことが必要であるし，その間の時間を消費することにもなる．つまり，コミュニケーションにはコストが発生するのである．このことをしっかりと自覚して，コストをいとわないこと（古川，2004）である．もちろん，コストがかかるのであるから，その分を何らかの形で得るものにするのも，チームをマネジメントするリーダーの役割である．

(2) リーダーが行うコミュニケーションの種類

リーダーが，チームマネジメントの過程で行うコミュニケーションは，次の2つに分けられる．すなわち，課題的コミュニケーションと情緒的コミュニケーション（古川，2004）である．実際の職場では，両者が明確に分離されていることは難しい．しかしながら，リーダーは，この区別を適切に使い分けることを意識しておくことが必要である．

1) 課題的コミュニケーション

これは，遂行すべき業務，課題に直接関係するコミュニケーションである．たとえば，指示，指摘，質問，確認，応答などである．また，ある情報を集団内で正確に共有するために，その内容を文章化することや，説明することも含まれる．さらに，情報の共有化にとどまらず，それらを用いて，課題を構造化

し，その解決と目標の達成に向けて成員をリードしていかなくてはならない．

2）情緒的コミュニケーション

これは，チーム全体の人間関係に働きかけ，リーダーを含めた成員間の関係性を高める働きをする．このコミュニケーションがあってこそ，先の課題的コミュニケーションも功を奏するといえる．そしてまた，上下間の信頼関係の基盤であるともいえよう．

どのような場面でも，挨拶と感謝の気持ちを伝えるコミュニケーションは，人間関係の基礎である．幼児は，言葉が話せるようになったとたんに，まず，「こんにちは」と「ありがとう」を教えられるし，多くの人は，海外旅行をしたときには，せめて挨拶と感謝だけでも現地語で話したいとまず初めに覚えようとする．職場でいえば，たとえば，出社，退社時の挨拶，感謝の言葉かけなどがそれにあたる．そこから，次のコミュニケーションへと発展するのである．

そのほかにも，ほめ言葉，激励，といったポジティブなもの，注意，叱責といったネガティブなものもある．ネガティブな言葉かけも，受け手が素直にそれを受け入れることができる，あるいは，そこから，話がより発展性のあるものに展開するようであれば，そこには，リーダーとフォロアーとの良好な関係が築かれているといえよう．

集団ができたての時を経てくると，各成員が互いの気心を知り合うようになり，それが行き過ぎた場合に，無意識的に情緒的コミュニケーションが欠落していくことがある．"いわなくても，当たり前だから"，"相手も，わかっているはず"という気持ちが，知らず知らずのうちに蔓延してくる．成員個人にしても同様のことがある．多くの場合，その集団のフレッシュマン，つまり新規参入者は，早くその集団に馴染もうと進んで挨拶するが，少し慣れてくると，まるで幽霊のような存在，つまり，"スーッと来てスーッと帰る"者も出てくる．後で触れるが，コンピュータでの作業が多くなった現代が，そうした行動を可能にし，また助長したともいえる．

また，年功序列が崩れていく現在においては，現場の多くのリーダーたちが，

第10章　コミュニケーション

自分より年長あるいは，勤務年数の長い部下をもつことも少なくない．そうした立場に立ったときにも，情緒的コミュニケーションはとくに重要である．それら成員の先輩として，また，ベテランとしての能力を本人にも，周囲にも良好な心理状態で発揮させ活用するためには，まずリーダー自身の区別意識をなくし，職場集団の心からの一体感を成員全体で醸成していくことが必要である．加えて，積極的に相談をもちかける，意見を聞くなどの方法で，職場の一員であり，共に働く集団成員であることをベテランの部下に意識し続けてもらうことが必要である．

リーダーは，集団内での上位者であるからこそ，高みに身を置かず，積極的に情緒的コミュニケーションを取ることが，集団を活気づける契機ともなることを自覚しなければならない．また，仕事にまつわる喜び，悔しさ，悲しさといった感情を集団の中で表現し，それを成員に伝えることによって，より人間らしい職場づくりを目指すべきである．

5. 現代的課題

集団が複数の人間によって成立し，共通目標達成を目指す限り，コミュニケーションの問題は，常にわれわれの重要課題である．荒々しい変化の足取りを緩めない現代の経営環境であるが，その中で，コミュニケーション問題と深くかかわるコンピュータ化とコミュニケーションの現代的課題について最後に論じておきたい．

いわゆるオフィスワークの場合，ニュース番組の映像，リクルート用に撮影された広告写真などにうかがい知ることのできる職場の様子の多くが，各人のデスクにPCが備え付けてあり，ほとんどの成員がそのモニター画面と対面しているものである．デスク上のPCは，業務にかかわる作業手段（資料づくり，情報管理など）に止まらず，顧客からの問い合わせ，業者からの連絡といった外部とのコミュニケーション手段に加えて，社内全体の連絡事項や，ひいてはトップの談話までを知る手段にもなっている．それが高じて，今や席を隣り合

わせる者同士の連絡手段にさえなっている．職場では成員同士の生の声が減少し，キーボードの打鍵音が増大するばかりである．

　こうして，コンピュータ化は，職場のコミュニケーションの成り立ち自体を変え，職場の様子を一変させてしまった．これらの変化は，仕事を進めるに当たって，便利かつ有用であるからこそ，こぞって皆が取り入れたことに疑いの余地はない．しかしながら，その背後には，成員の孤立や情報の停滞，遅延などの弊害が隠されているともいえる．コミュニケーションを円滑に行うには，送り手が受け手の立場に立ち，その心理状態を把握して，それに合うようにメッセージを送る必要がある．つまり，相手の理解，解釈の仕方を推測することによって，相手の役割取得を行う（長田，1988）ことが必要である．職場でのコミュニケーションを円滑にすることは，こうした相手の役割取得の繰り返しによって成員間の相互理解を深め，課題遂行上の問題を一体になって解決していこうとすることに他ならない．

　ところが，電子メールによる情報のやり取りは，直接対面によるコミュニケーション過程において用いられる，非言語的コミュニケーション手段を通じての相手の役割取得を一時的に棚上げすることになる．結果的に，自己中心的なコミュニケーションになってしまったり，相手の気持ちを害してしまったりしてその後の関係に悪影響を与えるということにつながってしまうことがある．現在でもなお，重要事項や切なる願い事は，やはり，直接相手にあって話すという方法は常識から抹消されていないのは，このことを物語っている．これらの経験は，われわれが日常的にも知るところである．

　こうした事態は，職場集団においてはもっとも避けるべきものでなければならない．集団のリーダーは，あらゆる意味で「調整」を行う役割を担っているといえるが，この「調整」こそが，まさに，コミュニケーション行動そのもの（古川，2004）である．コンピュータ化によるコミュニケーション形態の変化は，後戻りすることはないだろう．そうであるからこそ，リーダーはチームマネジメントにおいて，対面的コミュニケーションの労と時間を惜しまず，意識して

第10章 コミュニケーション

それを行うよう努力する必要があるだろう．

演・習・問・題

問1　職場である業務の指示を受けたとき，業務遂行中のコミュニケーションに関して留意すべき点をまとめよ．
問2　コミュニケーションが歪められる原因について端的にまとめよ．
問3　職場のコミュニケーションにおいて，リーダーが留意すべきことを説明せよ．

参考文献

Fineman, S. (1993) Organizations as Emotional Arenas, in Fineman, S. (ed.), *Emotion in Organizations,* Sage Publications Ltd.

Leathers, D. G. (1986) *Successful nonverbal Communication,* Macmillan.

古畑和孝編（1988）『人間関係の社会心理学』サイエンス社

古川久敬（1988）集団とリーダーシップ』大日本図書

古川久敬（2004）『チームマネジメント』日本経済新聞社

原岡一馬編（1979）『人間と集団』（人間探求の社会心理学3）初版，朝倉書店

大坊郁夫（1998）『しぐさのコミュニケーション―人は親しみをどう伝えあうか―』サイエンス社

長田雅喜（1988）「コミュニケーション」古畑和孝編『人間関係の社会心理学』サイエンス社

山田雄一（1973）『組織化学の話』日本経済新聞社

山口裕幸編（2001）『心理学リーディングス　素朴だけど不思議な日々の出来事と人間心理』ナカニシヤ出版

《推薦図書》

1. 古畑和孝編（1988）『人間関係の社会心理学』サイエンス社
    関連する理論および実験研究をわかりやすく紹介．
2. 山口裕幸編（2001）『心理学リーディング　素朴だけど不思議な日々の出来事と人間心理』ナカニシヤ出版
    日常の出来事を心理学的にとらえるための入門書．

3. 大坊郁夫（1998）『しぐさのコミュニケーション―人は親しみをどう伝えあうか』サイエンス社
    コミュニケーション自体の仕組み，それぞれの働き等に詳しい．
4. 古川久敬（2004）『チームマネジメント』日本経済新聞社
    リーダー行動としてのコミュニケーション活動が具体的にわかる．

第 V 部
ラーニングと組織学習

- 第 V 部 ラーニングと組織学習
  - 第11章 ナレッジワーカーと学習
  - 第12章 組織学習

- 第 I 部 マネジメントとは
- 第 II 部 リーダーシップとモチベーション
- 第 III 部 意思決定とエンパワメント
- 第 IV 部 チームマネジメントとコミュニケーション

経営管理
マネジメント

第11章の要約

　知識社会の到来はマネジメントにも大きな影響を与えてきている．知識が経営資源の中でますます重要性を高め，肉体労働者に代わる知識労働者，すなわち，ナレッジワーカーのマネジメントがますます重要性をたかめている．しかも知識社会にしろナレッジワーカーにしろ激変する経営環境の中でラーニング（Learning：学習）が欠かせない．企業のイノベーションも従業員の学習がベースとなり，その学習成果が伝播，共有化されてイノベーションが実現する．すなわち，従業員個人そして組織の学習マネジメントが現代企業のマネジメントにおいても欠かせない要素になってきており，本章では知識社会は学習社会と同じ意味であること，そしてナレッジワーカーの特質を検討する．そして学習の対象としての知識とスキルを考察する．さらに学習とは何かを，あらためて検討しアクションとリフレクション（自省）を通じた学習の重要性を考察する．

第11章　ナレッジワーカーと学習

1. 知識社会とナレッジワーカー

（1）知識社会は学習社会

　現代をあなたはどのような時代と位置づけるだろうか．「ニューエコノミーの時代」「IT時代」「情報革命の時代」「知識資本主義の時代」等々，さまざまな命名がなされてきている．それは「脱産業社会」「脱工業社会」「脱効率社会」などともいわれるように，過去からの離脱，断絶，大転換の時代の到来を含んでいる．

　ドラッカー（Drucker, P. F.）は，1993年の『ポスト資本主義社会』の中で土地や労働にかわり"知識"が基本的な経済資源になることを力説した．知識は18世紀の後半に道具，工程，製品に適用され，産業革命を迎える．その後1880年から仕事に適用され，生産革命がもたらされた．さらに第2次世界大戦後知識は知識そのものに適用され，マネジメント革命がもたらされ，そうした知識の変化は一般的知識から専門的知識への移行を意味すると述べている．その知識の生産性，すなわち誰もが手に入る知識からどれだけ多くのものを引き出せるかが国，産業，企業の競争力の決定的要因になりつつあり，そのマネジメントこそがポスト資本主義社会である知識社会における最大の課題であるとしている．1996年の『エコノミスト』誌（9月28日号）によれば自動車の付加価値の70％が専門的知識によって生み出されると報告している．

　そしてドラッカーは『明日を支配するもの』(1999)の中で，知識労働の生産性向上の条件として，次の6項目をあげている．①働く目的を考える．②働くもの自身が生産性向上の責任を負う．自らマネジメントする自律性をもつこと．③継続してイノベーションを行う．④自ら継続して学び，人に教える．⑤知識労働の生産性は，量よりも質的問題であることを理解すること．⑥知識労働者は，組織にとってコストではなく，資本財であることを理解する（後に詳しく論じる）．知識労働者が組織のために働くことを欲する．そしてこれら

第11章 ナレッジワーカーと学習

の条件は6番目を除いて肉体的労働とは逆であることに注意を促している．

一方，組織の学習促進と知的資産の拡大を研究・支援する大企業メンバーによるフォーラム「国際企業学習協会」の共同創設者の一人であるボトキン（Botkin, J., 1999）はイノベーションのライフサイクルを図表11－1のように提示している．そして1945年から2045年を知識時代とよび，その100年間を4期に区分したのである．

図表11－1　1945年-2045年に適用したイノベーションのライフサイクル曲線

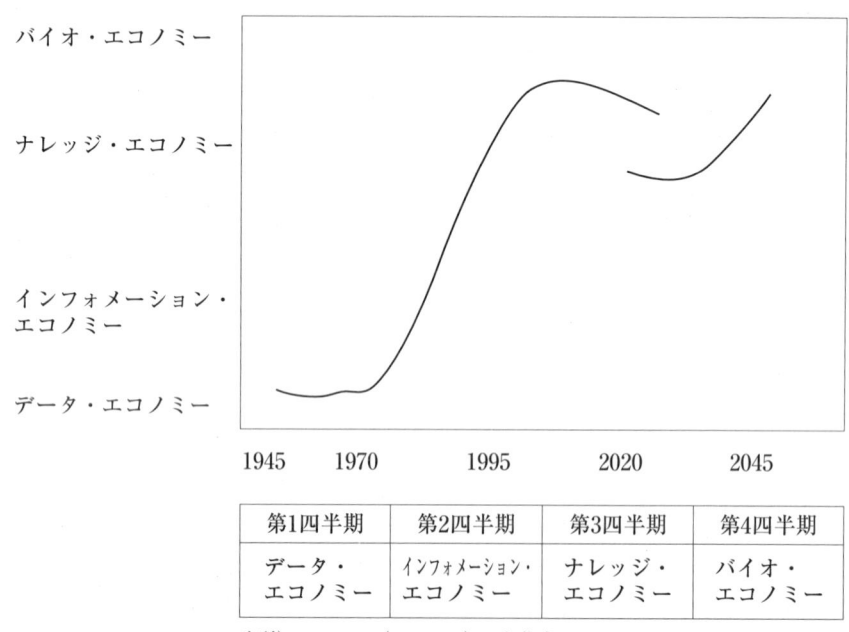

（縦軸：上から）バイオ・エコノミー／ナレッジ・エコノミー／インフォメーション・エコノミー／データ・エコノミー

（横軸）1945　1970　1995　2020　2045

第1四半期	第2四半期	第3四半期	第4四半期
データ・エコノミー	インフォメーション・エコノミー	ナレッジ・エコノミー	バイオ・エコノミー

出所）Botkin, J.（1999：62）より作成

1）ナレッジワーカー

ドラッカーは1960年代にナレッジワーカー（知識労働者）という概念を提示した．そして肉体労働者はコストであり，管理し削減しなければならないが，知識労働者は資本財であり，増やさなければならない存在であることを強調している．すなわち知識労働者は生産手段を所有し，頭の中にしまわれた知識は

持ち運びができ，大きな価値をもっているというわけである．

知識労働者の中で，多くは知識労働と肉体労働を同時に行う高度技能者であるテクノロジスト（高度技能者）であるとしている．病院の検査技師，リハビリ訓練士，レントゲン技師，歯科医師，自動車の修理工，電話工などはその代表例とされている．

そして知識労働者の教育訓練こそが競争力を維持していくための唯一の道であると強調しているのである（Drucker, 1999）．

昨今ではナレッジワーカーという言葉も一般化してきており，伝統的な熟練者としてのスキルワーカーとの比較でナレッジワーカーの特質が論じられてきている（大久保，2000；林，2003）．

図表11－2　ナレッジ・ワーカー特性のスキルワーカーとの比較

	ナレッジ・ワーカー	スキル・ワーカー
行動目標	質的（Know-what）	量的（Know-how）
行動基準	価値，意味	手続き，ルール
行動評価	社会貢献，自己評価	上司
報酬	尊敬・名誉，仕事自体	金銭的報酬，地位
育成策	自己学習，継続的学習機会	OJT，階層別教育

出所）大久保（2000），林（2003）等より作成

まずナレッジワーカーの行動目標は量的な業務処理ではなく，質的な情報・ナレッジの転換あるいは創造業務である．したがって行動基準は手続きやルールに基づくのではなく，価値や意味が基準となり，評価も広い社会的貢献あるいは自己評価が中心となる．したがって金銭的報酬や地位が報酬の中心ではなくなり，尊敬あるいは名誉，仕事の面白さ，手応えといった仕事そのものとなる．そうしたナレッジワーカーの育成もなかなか難しい．従来のフォーマルなOJTや階層別教育ではなく，自らの自己学習，あるいは「一皮向ける経験」とか「修羅場の経験」といった挑戦的で責任の重い職務機会や，過去に経験したことのない新たな経験などを通じた学習機会の提供とその支援が育成の重点となる．

2) 知識マネジメント戦略

IT（情報技術）はすでに日常用語として定着し，とりたてて何を意味するかを問わない状況になってきている．それこそがIT時代，IT社会の到来なのかもしれない．しかし80年代までのEDP時代，ME（マイクロ・エレクトロニクス）時代，コンピュータ時代，などとよばれた時代と何が異なるのだろうか．技術的にはマイクロプロセッサーの開発・発展によるコンピュータのダウンサイジングによるパソコンやモバイル機器の登場，そしてもうひとつはインターネットを代表とするグローバルなネットワークの発展と，その融合にあることを見逃すことはできない．すなわち，IT時代あるいはそれが大きな影響力をもつIT社会はマイクロプロセッサーとグローバル・ネットワーク時代であり，社会であるということができよう．その2つの特質をもつITが，われわれの日常的なコミュニケーションの大転換をもたらしていることはいうまでもない．第1は，デジタル化による情報の蓄積，加工，編集，伝達の簡便かつ大量な処理を可能にしたことである．第2は，スピード化であり，瞬時にリアルタイムに情報活動を可能にしたことである．第3は，ボーダレス化であり，地理的にはグローバルな拡張，到達を可能にし，さらには情報媒体間のボーダレス化を可能にし，いわゆるマルチメディア化をもたらしたことも見逃せない．ITがもたらした，このデジタル化，スピード化，ボーダレス化はわれわれの生活・社会に第3の波を生じさせている．すなわち，情報知識の陳腐化を早め，グローバルな知識創造競争を激化させている．「知識社会」「知識資本主義」などともよばれていることは周知のことであろう．また前アメリカ大統領クリントン氏が何度も繰り返した，「IT社会は学習社会」の到来を意味することにほかならない．すなわち，IT社会の到来は知識がどんどん陳腐化すると同時に，新たな情報・知識・知恵の創造，学習が求められる社会であり，その学習に，積極的かつ持続的に参加し，それによって充実した生活を楽しむ社会に他ならない．それはすでに叫ばれてきている「生涯学習社会」「社会学習時代」とも軌を一にするものといえよう．IT革命によって，情報・知識，知的資産の蓄積，

創造，さらにはその共有，移転としての継続的学習が国家的課題として取り組まれ，企業組織も，ビジネスマン自身にとっても"学習"が今日の重要な課題となってきているのは周知のとおりである．

2. 知識とスキル

(1) 知識と知恵

知識はデータ，情報，知識そして知恵に区分し，位置づけられるのが一般的であろう．それぞれが連繋されて価値を高め次の次元へと転換されるのである．

事実・資料・数値はデータとよばれ，それを一定の目的に基づき整理・加工されたものが情報に他ならない．すなわち，意味づけられたメッセージである．

その情報が洞察によって組織づけられたものが知識であり，それはパターン化された情報であり，信頼できる判断のための体系である．そして知識が特定の課題，場面に適応され，創造的な問題の解決策が知恵でありノウハウである．すなわち，データから知恵に転換されるほど価値は高く，また一般的なものから個別的，特定的なものへと転換されていくといえよう（図表11－3参照）．

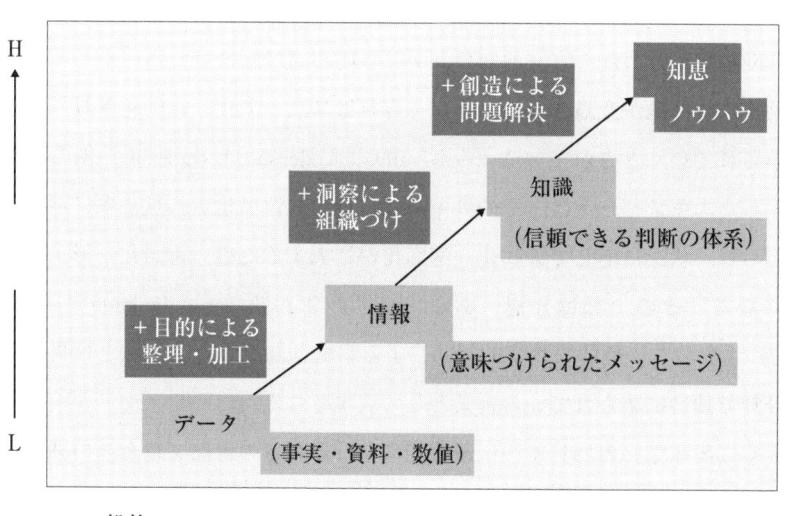

図表11－3 データからナレッジへ

(2) 知識とスキル

　知識をここでは信頼できる判断の体系として定義づけたが，その知識も最近では認知心理学の研究の進展とともに図表11－4のような手続き的知識（procedual knowledge：課題を解決するためにどのように行動するかの方法，手続き，手順に関する知識），宣言的知識（Declarative Knowledge：それが何であるかの，定義や概念あるいは命題などに関する知識），そしてメタ知識（Meta Knowledge：メタ認知的知識ともいわれるが，知識を利用したり，あるいは行動の調整を行うために知識を獲得，修正，統制するための知識）に区分されている（波多野，1982）．

　また知識の習熟者はそうした知識の構造化が進展し，チャンク（chunk：多数の項目や概念を系列化，再符号化した，ひとかたまりの記憶の単位）を形成し，さらにその，階層化構造化をし，記憶，活用を容易化するといわれている．

　一方，スキル（skill：技能）の視点からみると知識との関連はどうなるだろうか．技能は「ある心的もしくは運動的領域において，長期間の学習（練習）を通じて獲得される，ひとまとまりの統合的な遂行能力」（冷水，1995：135）と定義されているが，その学習は第1の認知・解釈段階では，宣言的知識によって解釈できる一般的な手順が学習され，第2段階の連合・編集段階でスムースな遂行ができるように宣言的知識の一部が取捨選択され，技能の要素の連合や編集が行われ，宣言的知識が手続き的知識に転換される．そして第3の自動段階で知識が意識されることなく遂行はスピード化，自動化され，技能は習熟されていくとされている（冷水，1995：Anderson, J. R., 1980）．ある技能に習熟したエキスパートは，そのスキルは自動化，習慣化され無意識に遂行行動がとられ，状況に応じて柔軟化，適応化が増大するため，言語化，形式化しにくくなる．その一部は知恵，あるいは「わざ言語（craft langage）」（生田，1987）すなわち一般的な科学的言語による手続き知識や宣言知識とは異なるその分野で独自に語られている言葉として表現される．

　とくに興味深いのは日本の伝統芸能におけるわざの習熟プロセスの独自性である．生田（1987）の分析を若干紹介しよう．まず，その特徴として師匠の全

体的な模倣，段階が不明確な非段階性，そして評価の不透明性にあるとし，模倣（繰り返し）習熟というプロセスを提示している．そのプロセスを通じ，まず外面に現れた"形"すなわち固有の技術の体系が身体的動作に表されたものであり，手続きの連続を繰り返し模倣するのである．しかも模倣はそうした形の模倣を通じて形を超えた，その芸術の真髄，精神として"型"すなわち「技法と集合的個人的な実践理性」といわれるハビトスを学ぶのである．同時にわざに固有の呼吸のリズムとしての"間"を学び，身体全体を通して，認識の変化がみられるという．しかも"型"や"間"の体得は，課せられたものではなく，内弟子といった，その「世界への潜入」によって，日常生活の中で自然に習得される．すなわち伝統芸能の学習の3段階である「守・破・離」に即して考えれば，"形"の繰り返しの模倣による"守"の段階，そして客観的に"形"を吟味，反省，批判する"破"の段階，さらに世界全体との意味連関を作り上げ"型"そして"間"を体得する"離"の段階である．

　同様な議論は建築家の世界でも語られている（菊竹，1969）．認識と実践のプ

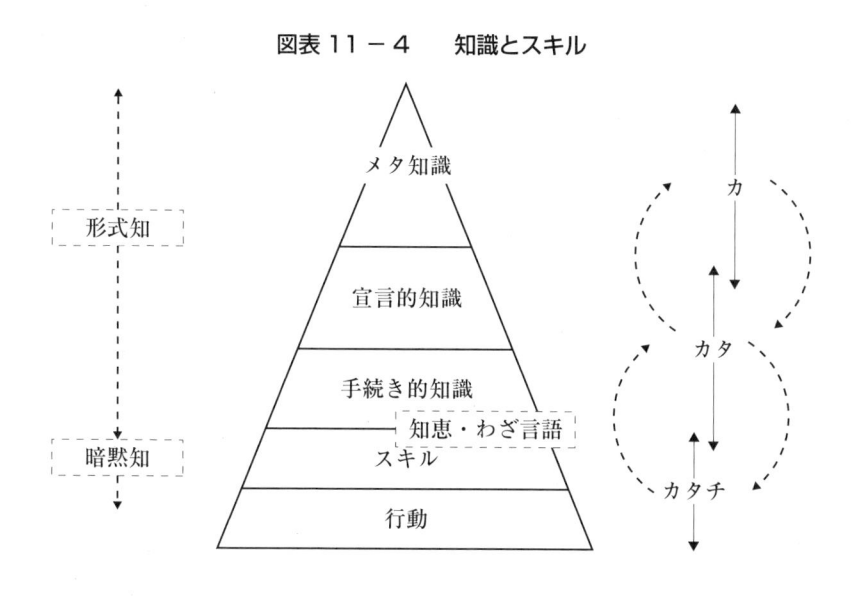

図表11－4　知識とスキル

ロセスとして直感的にその「カタチ」(形態:現象・認識)を掴む,それを普遍的知識,法則にあてはめて,その「カタ」(技術:実体・理解)を理解し,さらに「カ」(構想:本質・思索)を考えるという.実践はその逆でカ―カタ―カタチのサイクルをたどるというのである.

われわれの知識とスキルの学習はこうしたカ―カタ―カタチのサイクルとその逆サイクルを繰り返し知識の高度な構造化,スキルの高度な柔軟化と適応化を進め,習熟を高めていくということができる.

3. 学習とは何か

(1) 構成主義 (constructivism) 的学習観

構成主義は,「知識を教え込む教授法の否定であり,知識は受け身で習得されるものではなく社会的に構成され,実践をとおして自らが作り上げていくことで得られるもの」(高島,1997)といわれるように,知識の習得は実践をとおして自ら構成してこそ身につくという考え方である.そうした教育プログラム,学習法が教育革命の中できわめて重視されてきており,チャーター・スクールのプログラムも構成主義をベースにしており,インターネット活用の教育,あるいは種々のエデュメント・ソフトの開発も同様に構成主義に基づいているといわれている.

その基礎的考え方は認知主体としての人間は知識や記憶の構造を有する能動的な存在と考える.構成主義とは,自らの認知構造を環境に当てはめ,積極的な同化を試み,環境からの反作用によって内部に生じた構造の不均衡を調整し,こうした構造の再構成,すなわち同化と調整という環境との相互作用によって学習がなされ,発達がうながされるという考え方である.

学習は条件づけによってなされるという行動心理学(プログラム学習やティーチング・マシーンによる学習の基礎理論)や,認知心理学による人間の情報処理の内部メカニズムの研究である情報処理アプローチ(人工知能やCAIなどによる教育)といった客観主義とは大きく異なる考え方である.受動的刺

激，反応モデルから大きくパラダイム転換し，人間自らが環境に働きかけて学習する新たな学習観であり，構成主義の考え方は教育工学，マルチメディア教育の分野でとくに研究，議論，その応用がすすんできている．

さらに1970年代後半には他者との関わりの中で学習がすすめられる社会的構成主義が注目されてきている．そうした立場からの知識獲得は，まず言語による説明，練習そのフィードバックにより知識領域の初期学習が行われる．そして構造化がむずかしい領域の知識がコーチングや徒弟制によって指導される．グループ学習などを通じて知識の共有化，社会的な知の構成がなされる．さらに高度な知識や技能が経験を通じて社会的に身につけられる．

(2) 状況的学習（situated learning）

われわれの学習は，認知構造の新たな再構成であるとする構成主義について考察したが，その認知が単に知識によるのみならず，その状況における事物そして他者の支援も含む現場状況，文脈を重視し，知識の獲得のみならず身の振る舞い方の獲得を重視するのが状況的学習論といえよう．すなわち，現場状況の中での学習に焦点をあてているのである．

その代表的研究者であるヴィゴツキー（Vygotsky, L. S., 1967）は現場状況における相互作用，すなわち，学習支援者の働きかけを学習者が内部に取り込み自らのものとして学習していく社会的相互作用重視の考え方は「最近接発達領域論」と呼ばれている．

また，「正統的周辺参加論」として知られるレイブとウエンガー（Lave, J. and E. Wenger, 1991）の学習はある共同体に実践的に参加し，新参者としての部分的初歩的役割の遂行すなわち正統的周辺への参加から，段階的に完全な参加を果たす古参の熟達者に成熟するという状況的学習を提示したのである．内弟子，丁稚奉公あるいは職場への新入社員の配属とその育成は「世界への潜入」であり，こうしたメカニズムによって学習が進められてきた側面を改めて再認識する必要があろう．

すなわち，正統的周辺参加論は学習と実践は分離するものではなく共同体の中で仕事を実践することで学習がなされる「状況に埋め込まれた学習」を重視したのである．それは学習が単に知識の獲得や蓄積にとどまることなく，アイデンティティの形成ととらえていることにも注目しなければならない．

(3) 学習サイクル

　学習とは何か？を厳密に定義することはかなり難題である．日常的には学ぶこと，勉強することといわれよう．広辞苑と大辞林の教育学用語としては，「過去の経験の上に立って，新しい知識や技術を習得する，広義には精神・身体の後天的発達をいう」と「新しい知識の獲得，感情深化，良き習慣の形成など目標に向かって努力を伴って展開される意識的行動」とされている．一方，心理学用語としては，広辞苑では「行動が経験によって多少とも持続的な変容を示すこと」そして大辞林では「過去の経験によって行動の仕方がある程度永続的に変容すること．新たな習慣が形成されること」と説明されている．

　問題となるのは知識や技術の獲得までの認知レベルの変化としてとらえるか，その前提の上に行動変容，新しい習慣の形成という行動レベルの変化としてとらえるかである．一般的には教育学では前者を，心理学では後者を含む傾向が強いといえよう．ここでは前者は知識学習とよび，後者を行動学習として区分し，学習とはこの2つの側面を含むものととらえることが経営学においては有効であろう．言い換えれば，新たな知識の獲得や経験を通じた認知構造の変革および行動変革ということができよう．

　経験をベースにした学習をサイクリックに表現すると図表11-5のようにあらわすことができるが，一般的にはKolbの学習サイクルとよばれている(Kolb, D. A., 1984)．

　行動による経験は自省あるいは内省される．そして思考を通じて一般化，概念化され，選択・意思決定が行われる．そしてその知識・概念・考え方は新たな状況で試行的に実行されるのである．

図表 11 − 5　Kolb の学習サイクルと介入

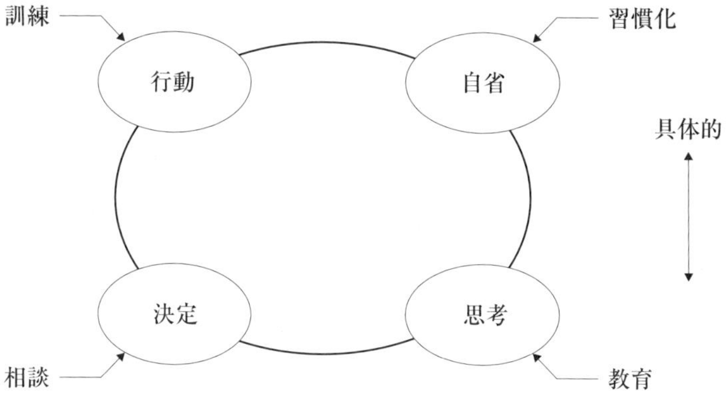

訓練 → 行動　　　自省 ← 習慣化

　　　　　　　　　　　　　　具体的 ↕

相談 → 決定　　　思考 ← 教育

出所）Swieringa, J. and A. Wierdsma（1992：23・30）より作成

　それぞれのプロセスに介入するには，それぞれ行動のための訓練，自省のための習慣化，思考を深める教育，そして決定のための相談が主要な介入方法である．しかしスビーリングとビールスマ（Swieringa, J. and A. Wierdsma, 1992）によれば4つの介入方法はどのプロセスを支援することを意図するかの違いで内容的な差はないとしている．それぞれの介入は，① ものの見方，概念と理論，② 方法論とテクニック，③ 鏡とフィードバック，④ ケース研究・ゲーム・練習・役割演技のような問題の形成が含まれていると主張している．

4.　アクション・リフレクション学習へ

(1) アクション・ラーニング

　アクション・ラーニングはレーバン（Revans, R. W.）が第2次世界大戦後にイギリスの炭坑におけるマネジャー開発において初めて試みた方法であり，すでに50年以上の歴史をもっているが，わが国ではそれほどポピュラーではない．

　それは実際に経営現場で生じている問題を，グループで検討し，実際に解決策を実施し，それを通じて学習の仕方を学習することを中心にするものである．

そして「アクション・ラーニングは実際上の複雑でストレスの高い問題に責任をもって取り組み，今後の観察可能な行動を改革するべく意図的な変革を達成するための，その課題に求められる知的，情緒的，物理的な開発である」と定義づけている（Revans, 1982）．

またレーバンは学習＝プログラム教育（programmed instruction）＋尋問（questioning），すなわち学習は，現在活用している知識などの教授に加え，現在知られていないことへの新鮮な洞察によってなされるという公式を示し，アクションのない学習はなく，また学習のないアクションもないことを主張しているのである．

こうした考え方を基礎にしているアクション・ラーニングには5つの基盤があるといわれている．①経験から学習，②他者の経験の共有，③その仲間の批判とアドバイス，④そのアドバイスの受入と実行，⑤仲間と行動・学習したことを振り返る．すなわち人間は困難な問題に直面し，仲間とともに関心と経験を積極的に共有した時に有効に学ぶことができる，ということが前提となっており，このアクション・ラーニングは"仲間アドバイス・アプローチ"ともよばれているのである（Marquardt, M. J., 1996）．

類似した言葉にアクション・リサーチ（action research）があるが，それは組織や組織メンバーの実態，課題，態度等に関する調査・情報収集，分析，その結果の組織メンバーへのフィードバック等により問題解決を図る方法である．新たな視点にたつこと，またこのプロセスをとおして組織内コミュニケーションが改善されるなど，新たなコミュニケーションのあり方等を学習することになる．

また最近では"アクション・サイエンス"とよばれる手法も開発されているが，これは人間がなぜ自らしたいといったことが実現されないのかに焦点をあて，そこに至る人間の相互作用の実態を明らかにすることによって行動変革を目指すものといわれている．そしてアクション技法は学習と行動を連結させているところが魅力であり，その中核にあるものとして

① アクション実験を活用して問題を解決し,学習する
② チームとネットワークを通して,共同的に作業し,学習する
③ 個人と組織が当たり前と考えている期待に挑戦する
④ 複眼的な新しいパースペクティブを活用して,よりよい解決策を引き出す
⑤ 学習と変革のための新しいツールを皆に提供する
⑥ システム全体の諸側面を変革する

を指摘しているのである(Watkins, K. E. and V. J. Marsic, 1993).

(2) アクション・リフレクション学習

アクション・ラーニングはイギリス発でアメリカで発展したアングロサクソン・アプローチである.一方,アクション・リフレクション・ラーニング(ARL:Action Reflection Learning)はスウェーデンのミル研究所が開発,実践指導を行ってきている学習モデルであり"スカンジナビア・アプローチ"ともよばれている(Rohlin et al., 1994).しかし今日では,ヨーロッパのみならず多くのアメリカ企業でも導入されている.

その基礎に効果的な学習は,あくまでも経験・行動にあることはアクション・ラーニングと同様であるが,「多くの経験は単に集めるだけでは不十分である.自分の経験が学習の源となるための前提条件は,反省であり,自己観照なのである.学習にはなぜ行った行動がそうなったのかを反省し,自分の行動のフィードバックに耳を傾けることを要求し,他の人びとの以前の似たような経験と自分とを比較することが必要である」(Rohlin, et al., 邦訳, 1999:296).すなわちひたすら行動・経験を積み重ねるのは,「行けいけドンドンのカーボーイスタイル」で,そこから学習できることはきわめて少なく,学習には自省・内省・振り返りのリフレクションこそ中核なのである.

具体的にARLは,ラーニング・セットとよばれる4人から6人程のチームによって解決策を立案,実施し,その結果を内省することを重視している.そして以下の7つを前提としていると指摘されている(Maquardt, M., 1996).

① われわれの学習は経験したことを内省したときに増大する.

② 専門家に依存してしまい，われわれは動けなくなり，また自らの解決策を探索しなくなる.

③ われわれはアクションの基礎にある仮説を疑問をもちうる時に批判的に学ぶことができる.

④ われわれは他者や問題解決行動からの的確なフィードバックを受けたときに学ぶ.

⑤ われわれは未知な状況で未知な問題に直面した時がもっとも挑戦的であり，もっとも偉大な学習がなされる.

⑥ 部門や機能にまたがる非階層的なグループで新たな視野を得られ，学習がなされる.

⑦ ARLは学習者が全体の組織システムを考察する時もっとも有効である.

具体的にはARLはラーニング・セットとよばれる4人から6人程のチームによって解決策を立案，実施し，その結果を内省することを重視している．そして以下の7つを前提としていると指摘されている（Maquardt, 1996).

ARLは参加者の問題解決に必要なスキル，コンピタンシーの向上と実際の問題解決もその成果といえようが，参加者の社内ネットワーク，多様な部門の役割，文化理解などのメリットももたらされる．そうしたARLの成果はグローバルにチームメンバーが編成されグローバルな課題を取り上げた時にとくに大きいといえよう．しかしARLの問題点としてまず指摘されることはあまりにも長期の時間を要することであろう．しかしながらARLを活用するのにもっともふさわしい状況としていわれている（Masarik, et al., 1992) のは，問題が複雑で明確な解決策が不明な時，マネジャーの部門を超えた意識の開発が必要な時，学習が文化変革に強く結びつく時，参加者の戦略的判断，思考の開発を必要とする時，参加者がラーニング・バイ・ドゥーイングを望んでいる時であり，そうした状況が改善，変革されればARLに費やされる時間，エネルギーは大いに意味があるものであろう．なかには費用節減のために解決案の提

案はARLの費用が相殺される提案を義務づけている企業もあるが,管理者層のビジネススクールへの派遣などと比較すればその成果は大きいといえよう.

しかし現実的には多数の参加者が半年から1年間,職場を離れることになり,一定のインターバルで職場に戻り,またプロジェクトに戻るといった全体プログラムの工夫も実践的には課題である.

さらにARLにおけるファシリテーターの役割は重要であり,その育成は今後の課題である.社内か社外かのファシリテーターの選択はプロジェクトの課題によって異なろうが,社内のファシリテーターも必要であり,その育成が待たれる.いずれにしても人材開発のスタッフの今後の役割は従来のシステムや定型的教育プログラムの設計やインストラクターからこうした現実問題解決のアドバイザー,ファシリテーター,やコーディネーターの役割が中心となり,スタッフの能力の再開発は基本的,長期的課題である.

演・習・問・題

問1 ナレッジワーカーの特徴を整理しなさい.
問2 学習とは何かを述べなさい.
問3 アクション・リフレクション・ラーニングの基本的考え方を述べなさい.

参考文献

Anderson, J. R. (1980) *Cognitive Psychology and Its Implications*, Freeman & Co.(富田竜彦ほか訳『認知心理学概論』誠心書房,1982年)

Botkin, J. (1999) *Smart Business*, The Free Press.(三田昌弘訳『ナレッジ・イノベーション』ダイヤモンド社,2001年)

Drucker, P. F. (1993) *Post-Capitalist Society*, Harper Business.(上田惇生訳『ポスト資本主義社会』ダイヤモンド社,1993年)

Drucker, P. F. (1999) *Management Challenges For The 21st Century*, Harper Business.(上田惇生訳『明日を支配するもの』ダイヤモンド社,1999年)

Kolb, D. A. (1984) *Experimental learning,* Prentice-Hall.

Lave, J. and E. Wenger (1991) *Situated Learning : Legitimate Peripheral Participation*, Cambridge University Press.（佐伯胖訳『状況に埋め込まれた学習：正当的周辺参加』産業図書，1993年）

Maquardt, M. (1996) *Building the Learning Organization*, MaGraw-Hill.

Revans, R. W. (1980) *The Origins and Growth of Action Learning*, Chartwell-Bratt.

Rohlin, L. Skärvard, P. H. and S. A. Nilsson (1994) *Strategic Leadership in the Learning Society*, The Authors & Mill.（小林薫訳『知力創造社会』産能大学出版部，1999年）

Swieringa, J. and A. Wierdsma (1992) *Becoming a Learning Organization*, Addison-Wesley.

Vygotsky, L. S. (1978) *Mind in Society*, Harvard University Press.

Watkins, K. E. and V. J. Marsic (1993) *Sculpting the Learning Organization*, Jossey-Bass Inc.（神田良ほか訳『学習する組織をつくる』日本能率協会，1995年）

波多野誼余夫編（1992）『認知心理学：4 発達と学習』東京大学出版

林誠（2003）「なぜ，今，ナレッジワーカーなのか」『能力開発』6月号，中央職業能力開発協会，pp.1-4

生田久美子（1987）『わざから知る』東京大学出版会

菊竹清訓（1969）『代謝建築論』彰国社

大久保幸夫（2000）「今なぜ知的資本経営なのか」『Works』リクルート，42-2

冷水啓子（1995）「技能」岡本夏木他監修『発達心理学辞典』ミネルヴァ書房，pp.135-136

高島秀行（1997）『教育のデジタル革命』有斐閣

―――――《推薦図書》―――――

1. Drucker, P. F. (1999) *Management Challenges for the 21st Century*, Harper Business.（上田惇生訳『明日を支配するもの』ダイヤモンド社，1999年）
   知識社会，ナレッジワーカーの本質を考える好書．

2. 波多野誼余夫・稲垣佳世子（1993）『知的好奇心』中央公論社
   好奇心を分析したユニークな好書．

3. Rohlin, L. Skärvard, P. H. and S. A. Nilsson (1994) *Strategic Leadership in the Learning Society*, The Authors & Mill.（小林薫訳『知力創造社会』産能大学出版部，1999年）
   アクション・リフレクション・ラーニングの理論と実践を論じた専門書．
4. 根本孝（2002）『E―人材開発：学習アーキテクチャーの構築』中央経済社
   人材開発と学習を巾広く論じた専門書．
5. 佐伯胖・藤田英典・佐藤学編（1995）『学びへの誘い』東京大学出版会
   学びを総合的に検討した好書．

第12章の要約

　ここでは集団・組織レベルでの学習を考察する．組織メンバーである個人の学習は他者との協働学習によって，より促進され，また他者と学習は共有化される．さらにそれは集団・部門内に広がり，組織も学ぶという，いわゆる組織学習がすすむことになる．それは組織変革，イノベーションを意味するが，本章ではその基礎的考え方を検討する．
　まず，組織がどのように学ぶのかを検討し，その上で3つのレベルの学習を考察する．そして，どのような組織能力が向上するのか，とくに組織創造能力を高める知的創造経営論を考察する．さらにイノベーションを持続させる学習する組織の構築の重要性を検討する．

第12章 組織学習

1. 組織も学ぶ

(1) 組織学習論の発展

　個人が学習することはいうまでもないが集団，組織も学習すると考えることが，組織学習論の一前提である．「組織は学習する：組織が個人としての人間と同じ学習過程を経験すると仮定するのは，あまりにも幼稚かと思われようが，組織といえども歳月を経て適応性ある行動を（他の社会制度と同じく）示すものである．あたかも個人レベルでも適応が人体生理学の現象に依存するように，組織の適応は個人メンバーを道具として利用する訳である」(Cyert, R. M. et al., 邦訳，1966：180)．このような，組織も学ぶという認識をわれわれがもつようになってからまだ40年を経過したに過ぎない．

　したがって今日でも「組織は学ぶことはできない，個人が学習するにすぎない」という考え方も根強いのである．「組織も学ぶ」ことを明らかにするには個人の学習が組織の学習にどのように関連，発展するかを明らかにする必要があろう．まず組織は既存知識が乏しく環境への適応が不十分なため組織の成果，業績が低下することになる．そうした成果の低下は組織学習の必要性を刺激し，新たな情報収集，知識獲得，創造を促し，既存知識の修正や棄却を求めることになるのである．そうした組織の中でメンバーである個人は知識獲得のための探索活動を求められることになる．もちろん組織の必要性以前に個人が自主的に探索活動を開始するケースも少なくない．個人は体験によるか，あるいは演繹によるか，さらには他者からの知識の導入を試みるのである．これによって個人は既存知識の変革，あるいは新知識の獲得により個人学習がなされる．新たな個人知識はコミュニケーションを通じて他に伝えられる．コミュニケーションが可能な範囲のみで組織学習がなされ，また学習の程度はコミュニケーションの量，密度に大きく左右される．またその知識は他のメンバーによって評価，受け入れられなければならない．もし新たな知識が組織内でパワーを

もっているグループの一個人が重視している既存知識と対立し，拒否されると，その新知識は受け入れられない．すなわち新たな知識の受容はパワー構造をはじめ，組織文化との適合が必要となるのである．そして初めて組織に新知識は受け入れられ，他の知識と統合され，組織メンバーに共有され組織知識として獲得，蓄積されることになる．すなわち組織が学ぶということは，まず個人の知識の変革，開発過程を経て，その伝達，他者の受容という社会化のプロセスを通過し，組織知識となって成立するのである．

(2) 個人学習から協働学習（collaborative learning）へ

　学習におけるIT活用は，PCに向かっての個人ごとの学習がイメージされ，個人学習の優位性が前提にされていると思われやすい．ところが教育工学や，教育情報工学では個人学習よりも協調学習が重視されていることに着目しなければならない．

　協調学習は「2人以上の人が力を合わせる」共同，「ともに心と力を合わせて助け合って仕事をする」協同（cooperation），「協力して働く」協働（collaboration），「利害の対立する者同士がおだやかに相互間の問題解決をしようとする」協調（cooperation），さらに最近では「協力して創造的問題解決，新たな創造を行う」共創（collaboration）などの用語が使われているが，ここでは，ビジネス界で理解しやすいと思われる協働学習を使用することにする．

　協調学習は他者との積極的な相互関係（積極的相互関係）は人間関係を深め，主体的な自己責任をもった個人（個人的責任）が対面的交流や情緒も含む相互作用によって（対面的相互作用）信頼関係や思考を深め，創造を促進し，また協調学習のスキル（協調スキル）を取得，育成が促進される（岡本，2001）のである．

　現在までの協調学習に関連する研究結果では，学習において他者の存在により，行動が誘発，促進されるか，抑制されるかは条件に依存するし単純なものではないとしている．また他者との関係が競争的か協調的かによっても学習の

効果が異なる研究結果もしめされている．しかし一般的には，協調学習の優位性を示す研究は少なくなく，とりわけ複雑で未習熟な課題あるいは他者が評価的・脅威的存在ではなく，受容的・支持的存在の場合は未習熟課題の成果が高いといった実験結果が示されてきている．そして協調学習が集団への参加や生産性を高め，さらに集団の人間関係を向上させ，凝集性も高めるという研究結果が注目されているのである．

すなわち，協調学習のプロセスでの相互作用は知識の伝達のみならず，異質な知識，考え方，態度に触れることで自らの考え方への自省を促し，あるいは態度の変容がもたらされるのである．さらに相互作用によってコミュニケーション能力の学習にも役立つともいわれている．

すなわち，協調学習への参加は観察学習（learning by observing）や教えることを通じて自らの振り返り（learning by teaching）も促すというわけである．

それは，構成主義においては他者との相互作用の中で新たな知識を構成する社会的構成，そして，ARLの内省においても他者からのフィードバックなどによる，いわば"社会的内省"ともいうべき相互作用であり，共創学習が一層，成果を高めるといわれるゆえんである．WBT（Web Based Training），あるいはe－ラーニングにおいても，いつでも誰でもどこでも学習できることから，JIT（Just In Time Learining）学習とか，個人のニーズとか，都合に応じた学習ができる one to one 学習などといわれているが，Eメール，フォーラムといった相互作用のチャネル，場づくりなど共創学習が促進されるさまざまな工夫や努力が重要である．

(3) 集団・組織レベルでの学習

組織学習は文字どおり組織による学習であるが，学習は組織メンバー一人ひとりの個人によって担われ，個人の経験や行動を通して行われる．しかし組織学習は単なる個人の学習の集合ではなく，それ以上のものと考えられる．個人を超えた組織の学習の存在を認めるところに組織学習が存在するのである．組

織が学習することを認めたとしても，問題は，学習するのは個人，集団，組織なのか，学習の主体としてどのレベルを重視するかによって議論は分かれてきたのである．

多くの論者は個人のみならず，集団・組織を学習の主体として論じている．主体として何を有しているかが大きな問題となる．すなわち，個人の学習と組織の学習の間の違いは何かである．

第1は，組織知識の存在である．ダンカンとワイズ（Duncan, R. B. and A. Weiss, 1979：85）によれば，「組織知識は意思決定にとって有効であり，組織の諸活動に関連し，特定な成果を獲得するための組織行動を行うために活用されるもの」と定義されている．したがって組織知識には，組織メンバーに伝達可能で（communicable），メンバーに受容され価値・有用性について同意（consensual）され，全体としての統合（integrated）される，という3条件が必要であると指摘されている．

こうして組織全体として組織知識は共有されていき，個人知識を超える豊富な組織知識となっていくのである．

第2は，組織の認知システムである．個人がパーソナリティや慣行を発展させるように，組織も世界観，イデオロギー，価値，規範，メンタルマップなどの認知システムを開発させる．それは組織の解釈機能，フィルター機能を果たしたり，逆に現在の価値やメンタルマップに適合しない重要情報を見逃す役割も果たすことになる．

第3は，組織記憶（organization memory）の存在であり，その本格的研究は1990年代以降の認知科学の興隆に伴い，より詳細な分析が進んできている．それは「方針・手続き・ルーチン・ルールなどを入れ，必要な時に取り出す容器」（Day, G. S., 1994：44）と定義されるが，その容器は組織の1ヵ所に集中して存在するのではなく，組織の価値・規範，といった組織文化やモデル，方針，手続き，ルーチンなどとして分散され，存在していることが明らかにされている．組織記憶の存在によってトップやメンバーが退職，交代しても組織行動は

継承され，持続されるのである．

2. 学習の3つのレベルと組織能力

(1) シングル，ダブルそしてトリプル・ループ学習

アージリスとショーン（Argyris, C. and D. Schon, 1978）は，保有する理論の中核は維持したまま，理論の誤りを発見し，改善する学習プロセスをシングル・ループ（0-Iモデル）と名づけ，それとは別に，大きな誤りが発見された場合は，理論の基盤となっている規範・価値を見直し，理論の再構成を行う学習

図表12-1 組織学習の3レベル

原理価値 → 目標戦略 → ルール → 行動 → 結果

シングル・ループ
ダブル・ループ
トリプル・ループ

著者（年）		シングル・ループ	ダブル・ループ	トリプル・ループ
Cyert & March	:1963	適応（Adaptation）		
Argyris & Schon	:1978	シングル・ループ	ダブル・ループ（デュートロ Deutero）	
Hedberg	:1981	調整（Adjustment）	変換（Turnover）	転換（Turnaround）
Fiol & Lyles	:1985	低レベル	高レベル	
Senge	:1990	適応（Adaptive）		生成（Generative）
Pawlowsky	:1992	特殊適応	環境適応	問題解決
Swieringa & Wierdsma :1992 （学習領域） （学習レベル） （学習成果）		シングル・ループ ルール 義務と許可 改善	ダブル・ループ 洞察 知識と理解 更新	トリプルループ 原理（パラダイム） 勇気と意志 開発
Probst & Buchel	:1997	適応（Adaptive）	再構成 (Recnstructive)	プロセス（Process）

出所）Swieringa, J. and A. Wierdsma（1992）Probst, G. and B. Buchel（1997：36-37）を参考に筆者作成

プロセスをダブル・ループ（O-IIモデル）とよび，組織の継続的存続にはダブル・ループ学習を実現するための組織開発などによる介入が必要であることを主張している．受動的で表層的な刺激—反応モデルとしてのシングル・ループ学習と，積極的で深層的なパラダイム変革モデルとしてのダブル・ループ学習に二分され，さらにアージリスらは学習の仕方の学習を，ダブル・ループ学習を通じてなされる，より高次な学習である2次的（deutero）学習の存在を指摘した．そして1990年以降，2区分の学習タイプは3区分され，すなわちトリプル・ループ学習を加えた図表12-1のような3分類の学習パターンが提示されてきている．

　スヴェリンガとウィールスマ（Swieringa, J. and A. Wierdsma, 1992）は最初にトリプル・ループ学習の名称を使って3つの学習パターンを提示した．

　シングル・ループ学習は行動やルール等に関連する学習であり，戦略や組織構造，システムあるいは組織文化の変革にはつながらない．いわゆるノウハウに関連する学習であり，学習の成果は改善となる．ダブル・ループ学習は洞察の問題である目標，戦略等に関連する学習であり，成果はそうした要素の更新である．そしてトリプル・ループ学習は，伝統的にダブル・ループ学習の中に包含されてきた原理や価値に関連する学習であり，そこには勇気や意志が中核として含まれている．

　こうした組織学習における高次学習への着目は，多くの研究者を，現実企業における新たな価値創造，あるいはパラダイム転換，さらには他社との提携戦略における学習の分析へと誘うことになる．

(2) 3つの組織能力と吸収能力

　組織学習の結果は組織能力の向上を想定するのは一般的であるが，その組織能力をめぐっても多様なコンセプトのジャングルを形成している．企業「顧客にたいして他社の真似のできない自社ならではの価値を提供する，企業の中核的能力」としてのコア・コンピテンシー（core competency）あるいはケーパビ

リティー（capability）とよんだり，組織レベルの記憶と行為の総称を「組織能力：oraganizational capabilities」（Cohen, W. M. and D. A. Levinthal, 1990）などともよんでいる．しかしわれわれは，最近の個人の能力概念として注目されているコンピテンシーも含め，図表12－2のような分類をしている．そうした今日，議論されている能力との混乱をさけるために，そうした能力の総称をここではキャパシティ（capacity）とよぶことにしよう．すなわち組織能力（oraganizational capacity）は組織コンピタンスと組織ケーパビリティーに区分される．

一般的組織能力は，先の3つの学習レベルに対応させ，第1レベルはシングル・ループ学習による改善能力（ルーティン業務のルールを改善する組織能力），第2レベルのダブル・ループ学習による革新能力（戦略あるいは目標を転換し新たな戦略を実現するための変革を行う組織能力），そして，第3のトリプル・ループに対応する進化能力（価値・原理，そして世界観を転換し，それを実現すべく改善・革新能力を進化させるメタ組織能力）といえよう．

また一方では，組織能力に関しては，集団，組織の，新たな知識を受け入れる能力としての吸収能力（absorptive capacity）も重視されている．とりわけ外部で創造された技術を企業内部に取り込む能力である吸収能力は，すでに保

図表12－2　組織・個人能力（Capacity）の分類

	組織能力	個人能力
顕在的	コア・コンピタンス 組織コンピタンス	コンピテンシー
潜在的	組織ケイパビリティー	職務遂行能力 アビリティー

出所）根本孝（1998：78）に加筆修正

有している既存の関連知識が重要であるとしている（Cohen and Levinthal, 1990）．また組織の技術的な外部志向性と内部化の効率性，すなわち外部の技術をいかに効率的に取り入れるかも重視されている（Cobbenhagen, J., 2000）．

3. 知識創造と学習する組織の再構築

(1) 知識創造組織

　数少ない日本発の学習プロセス論はすでに良く知られている「組織的知識創造論」である（Nonaka, I. and H. Takeuchi, 邦訳，1996）．

　そして知識が競争の最重要資源である認識はきわめて強まっているが，その創造のプロセスを解明していない点に基本的問題をしめしている．そして過去の経営・組織論は人間も組織も刺激や環境に反応，順応する存在としてのみとらえられており，自ら働きかけ，変革・創造していく可能性や能動性，主体性を無視ないし軽視している点を指摘している．

　そして組織学習論について，第1に，知識を発展させる視点が欠けていること，第2に，個人の学習中心であること，第3に，受動的自己中心で知識創造の視点はない，第4に，人為的な組織開発による介入重視，自然になされる学習棄却の過剰な重視，そして日常的に行われるダブル・ループ学習の困難視などを指摘している（Nonaka and Takeuchi, 邦訳，1996：50-66）．

　そして組織的知識創造を「個人によって創り出される知識を組織的に増幅し，組織の知識ネットワークに結晶化するプロセス」であると定義し，知識を形式知（客観的な組織知，理性知であり，過去の順序的な知，デジタル的な知・理論）と暗黙知（主観的な個人知，経験知・身体知であり，同時的な知，アナログ的な知・実務）に区分し，とりわけ，日本社会が重視してきた暗黙知に焦点を当てている．しかしながら暗黙知と形式知は相互補完的であり，人間の創造活動では両者が社会的に相互作用し相互循環するとして，それを「知識変換」とよび，SECIモデルを提示したのである．

　個人の身体・五感を駆使し直接体験を通じて獲得した暗黙知を共有・創出し

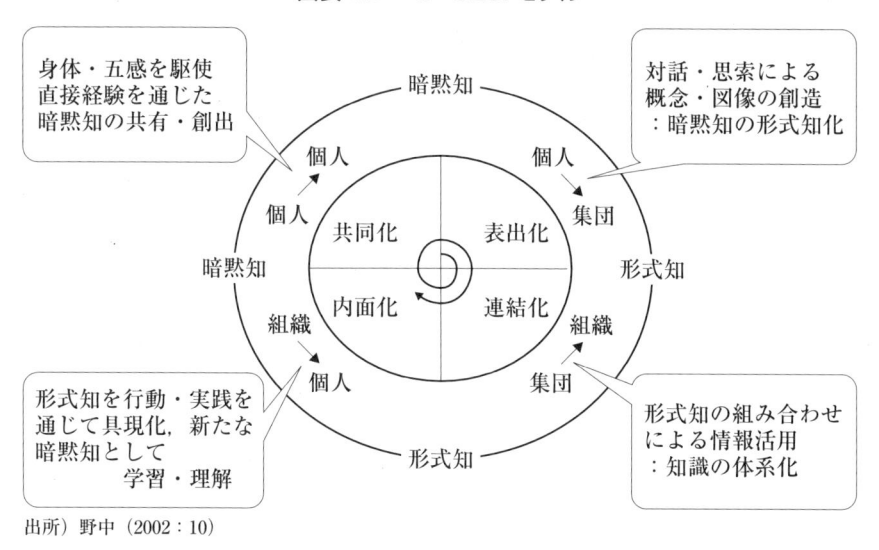

図表 12 − 3　SECI モデル

身体・五感を駆使
直接経験を通じた
暗黙知の共有・創出

対話・思索による
概念・図像の創造
：暗黙知の形式知化

暗黙知
個人　　　個人
個人　共同化　表出化　集団
暗黙知　　　　　　　　　　形式知
　　　内面化　連結化
組織　　　　　　　　　組織
個人　　　集団
形式知

形式知を行動・実践を
通じて具現化，新たな
暗黙知として
学習・理解

形式知の組み合わせ
による情報活用
：知識の体系化

出所）野中（2002：10）

共同化（socialization）する．共有化された暗黙知は対話・思索によって概念・図像が創造され，暗黙知は形式知に転換する表出化（externalization）がなされる．そして表出化された形式知は組み合わされ知識の体系化が行われる連結化（combination）がすすめられる．さらにその体系化された知識を行動・実践をつうじて具現化し，その過程で新たな暗黙知の内面化（internalization）が行われる．

こうした組織的創造活動を促進条件として「組織の意図」を明確にし，個人とグループの「自律性」を維持し，また一方では曖昧さをもった「ゆらぎと創造的カオス」も重要であり，一見無駄とも思える，組織メンバーによる情報の重複共有を意味する「冗長性」と多様な情報を利用できる「最小有効多様性」があげられている．そして SECI モデルを時間軸も加え5つのプロセス，すなわち，①暗黙知の共有，②コンセプト創造，③コンセプトの正当化，④原型の模索，⑤知識の移転という，より実践的5段階モデルを提示しているのである．

(2) 学習する組織の再構築

　個人も組織も学習することを検討してきたが，それは企業組織の持続的イノベーションの実現に他ならない．そしてそうしたイノベーションを持続する組織，言い換えれば学習し続ける組織をどのように構築するかは重要な課題である．今日，そうした組織は学習する組織（Learning Organization），あるいは学習組織とかラーニング組織などとよばれている．前述した組織学習の組織と学習を逆転させた言葉で混乱しがちであるが，組織学習は理論的に「組織はどのように学ぶ」を中心に研究や議論が行われ，一方，学習する組織ないしはその理論は，「どうすれば学習する組織が構築できるか」を中心に実践的に研究，議論が行われてきている．日本企業は「製品をつくるまえに人をつくる」といわれてきたように，日常的そして継続的に人づくり，組織づくりすなわち個人の学習そして組織の学習を最重要視してマネジメントを進めてきた．しかしバブル崩壊後は人材育成への投資である教育投資は減少を続け，教育プログラムの縮小や経営管理者層への偏った投資を続けてきた．また人員削減は残った組織メンバーの仕事量を増大させ，指導や学習の機会や意欲を低下させ，相互啓発や積極的な学習文化を弱体化させたといわれている．そこで改めて学習や相互学習を進め，イノベーションを持続させる学習する組織，ラーニング組織の再構築が大きな課題となってきている．その詳細については第9巻経営組織の第12章で詳しく論じられているので，ここでは問題提起にとどめておくことにする．

演・習・問・題

問1　組織はどのように学ぶか簡潔に説明せよ．
問2　組織学習の3つのレベルとは何か説明せよ．
問3　学習する組織をイノベーションとの関連で説明せよ．

参考文献

Argyris, C. and D. Schon (1978) *Organizational Learning: A Theory of Action Perspective*, Addison-Wesley.

Cobbenhagen, J. (2000) *Successful Innovation*, Edward Elgar.

Cohen, W. M. and D. A. Levinthal (1990) "Absorptive Capacity: A New Perspective on Learning and Innovation," *Administrative Seience Quarterly,* 35, pp. 128-152.

Cyert, R. M. and J. G. March (1963) *The Behavioral Theory of the Firm*, Blackwell.（松田ほか訳『企業の行動理論』ダイヤモンド社，1966年）

Day, G. S. (1994) "The Capabilities of Market-driven Organizations," *Journal of Marketing,* 58, pp. 37-52.

Duncan, R. B. and A. Weiss (1979) "Organizational Learning," in Staw, B. M., *Resarch in Organizational Behavior,* 1, JAI Press.

Fiol, G. M. and M. A. Lyles (1984) "Organizational Learning," *Academy of Management Review,* 10 (4).

Nonaka, I. and H. Takeuchi (1995) *The Knowledge-Creating Company: How Japanese Companies Create the Dynamics of Innovation,* Oxford University Press Inc.（梅本勝博訳『知識創造企業』東洋経済新報社，1996年）

Probst, G. and B. Buchel (1997) *Organizational Learning,* Prentice-Hall.

Swieringa J. and A. Wierdsma (1992) *Becoming a Learning Organization,* Addison-Wesley.

Walsh, J. P. and G. R. Ungson (1991) "Organization Harmony," *Academy of Management Review,* 16 (1).

根本孝（1998）『ラーニング・シフト：アメリカ企業の教育改革』同文舘

岡本敏雄編著（2001）『インターネット時代の教育工学：2　ニュー・テクノロジー』森北出版

野中郁次郎（2002）『企業進化論—情報創造のマネジメント』日本経済新聞社

―《推薦図書》―

1. 根本孝（2004）『ラーニング組織の再生』同文舘
    組織学習，学習する組織の理論，事例を分析した専門書．

2. 高間邦男（2005）『学習する組織：現場に変化のタネをまく』光文社
   　学習する組織，組織改革をわかりやすく実践的な解説書．
3. 野中都次郎・紺野登（1999）『知識経営のすすめ』筑摩書房
   　知識創造をわかりやすく論じた基本書．
4. 柴田昌治（1998）『なぜ会社は変われないか』日本経済新聞社
   　組織改革の基本，その方法を論じた実践書．

索　引

あ行

アイヒマン実験　117
アクション・ラーニング　191
アクション・リサーチ　192
アクション・リフレクション・ラーニング　193
アジェンダ設定　81
アージリス，C.　203
アダムス，J. S.　65
アドミニストレーション　3, 4
アンゾフ，H. I.　77
暗黙知　24, 206
ES　9
意思決定　95
　——過程　97
　——前提　101, 102
　——のプロセス　75
　——論　95
　——者　75
意味　102
インフォーマル集団　131
ヴィゴツキー，L. S.　189
ウエンガー，E.　189
受け手　163, 166
ヴルーム，V. H.　64
運営　3
衛生要因　62
SL 理論　48, 50
SCM　20
X 理論　6
M 機能：「集団維持機能」　45
MBA　4
エンパワメント　32, 122
送り手　163
OJT　67

か行

力　188
階層化　22
概念化　25
外発的動機づけ　59
科学的管理法　5
価格　10
課業管理　92
学習サイクル　190
学習する組織　208
型　187
カタ　188
カタチ　188
カリスマ的リーダーシップ理論　53
観察学習　201
簡素化　23
監督　3, 4, 92
管理　3, 91, 92
　——過程　97
　——的意思決定　77
官僚制　113
期待　64
　——理論　64
技能　186
キャリア・デザイン　32
キャリアプラン　32
QSC　12
9・9型　47
QC サークル　10, 11
QDC　10
業績に関する関心　46
共通目標　130
協働学習　200
業務管理　4
業務的意思決定　77
協調学習　200
グループ・ダイナミクス　129
GROW モデル　69
クロス・ファンクショナル・チーム　22
経営　3
　——管理　3
経済人モデル　5
形式化　24
形式知　206
権限受容説　121
言語化　24, 25
コア・コンピテンシー　204
公式化　23
公式権限　119
公式集団　131
構成主義　188
構造づくり　44
行動類型　43
公平理論　65
効率性　8
5S　23, 24
顧客満足　9
コーチング　32, 66
コッター，J. P.　53, 81
コミュニケーション・ネットワーク　167
コンティンジェンシー理論　48
コントロール　3, 4
コンピテンシー・マネジメント・システム　20

さ行

サイモン，H. A.　75, 95
サーバント・リーダーシップ　32

211

索　引

3S　23
3M　11
参加型リーダーシップ　133
JIT　12
　──学習　201
CSR　9
支援学　32
視覚化　24
思考過程要因　142
自己管理　32
自己実現人モデル　6
自己実現欲求　6
自己呪縛　156
自己統制　32
システム4　40
シャイン, E. H.　7
社会化　21, 28
社会的責任　9
社内語化　25
従業員中心志向　44
従業員満足　9
集権化　21
集団規範　148
集団思考　138, 140
集団年齢　136
集団の凝集性　132
集団の硬直化　138
集中化　21
手段－目標の連鎖　98
条件適合理論　48
情報　185
職場集団　147
職場の活性化　153
職務志向　44
ショーン, D.　203
自律　32
シングル・ループ　203
　──学習　204
信頼　27
　──化　21
水平化　21
水平組織　22
スキル　186
ストッグディル, R. M.　39
斉一性への圧力　135, 147
成熟度　50
正統的周辺参加論　189
成文律　112
世界観　103
セクショナリズム　22
ゼネラルマネジャー　3, 81
セルフ・リーダーシップ　32
宣言的知識　186
専門化　23
戦略的意思決定　77
操縦　4

組織　111
　──階層　74
　──学習論　199
　──記憶　202
　──知識　202
　──的知識創造　206
　──能力　204
　──のグレシャムの法則　13
　──の自己像　104

た行

WBT　201
ダブル・ループ学習　204
多様化　21, 29
多様性マネジメント　7
多様性のマネジメント　29
知恵　185
知識　185
　──資本主義　184
　──社会　181, 184
　──創造競争　184
　──労働　181
　──労働者　182
チームマネジメント　171
チャネル　163, 166
チャンク　186
中間管理者　3
調整　110
直接的統制　21
TQM　11
TQC　11
定型的意思決定　76
テイラー, F. W.　5, 92
デシ, E. L.　59
データ　185
手続き的知識　186
動機づけ要因　62
統御　4
特性理論　43
トップダウン型　17
トップ・マネジメント　3, 74
ドラッカー, P. F.　181
トリプル・ループ学習　204

な行

内発的動機づけ　59
成り行き管理　5
ナレッジワーカー　182
人間関係論　6
人間観　5
人間に関する関心　46
人間モデル　5
認知　103
ネットワーク構築　81
納期　10

212

は行

配慮　44
ハウス, R. J.　49
ハーシー, P.　48, 50
パス・ゴールモデル　50
ハーズバーグ, F.　62
ハビトス　187
パワーの源泉　119
パワーマネジメント力　120
PM理論　45
P機能:「目標達成機能」　45
非公式集団　131
ビジネス・コーチング　66, 67
ビジョン　16
PDSサイクル　14
非定型的意思決定　76
PDCAサイクル　14
標準化　23
ピラミッド組織　21, 22
品質　10
　──管理　23
フィードラー, F. E.　48
フォーマル集団　131
フォロワーシップ　40, 42
付加価値　9
複雑人モデル　7
複雑性の縮減メカニズム　27
服従実験　117
フクヤマ, F.　27
不文律　112
部門分化　22
フラット化　22
ブランチャード, K. H.　48, 50
ブレイクダウン　99
ブレーク, R. R.　46
プログラム　23
　──化　21
　──教育　192
プロジェクトチーム　22
プロフェッショナル化　33
ペロー, C.　105
変革的リーダーシップ理論　52
変革マネジメント　13
報酬付与　119
ホウ・レン・ソウ　162
報・連・相　162
補完的メカニズム　21
ホーソン実験　6
ポーター, L. W.　64
ボトキン, J.　182
ボトムアップ型　17

ま行

マグレガー, D.　6
マズロー, A. H.　6
マネジメント　3, 4
　──・ツール　20
　──・メカニズム　20
マネジャー　14
　──の活動内容　77
　──の役割　79
マネジリアル・グリッド理論　43
間　187
見える化　24
三隅二不二　45
ミッション　16
ミドル・マネジメント　3, 74, 75
ミルグラム, S.　117
ミンツバーグ, H.　78
ムートン, J. S.　46
メイヨー, E.　6
目立たないコントロール　105
メッセージ　163, 165
メンター　32
メンタリング　32
目標管理　7, 99
モチベーション　58
　──の過程理論　64

や行

誘意性　62
有効性　8
欲求5段階説　6

ら行

ラーニング組織　208
ラーニング・バイ・ドゥーイング　194
リエゾンの役割　79
リーダー　14
リーダーシップ　39
　──・スタイル　43
　──PM理論　43
リッカート, R.　40
ルーチン　23
レイブ, J.　189
レヴィン, K.　129
レーバン, R. W.　191
レスリスバーガー, F. J.　6
連結ピン　41
ローラー, E. E.　64
ロワー・マネジメント　3, 74, 75

わ行

Y理論　6
ワンマン経営　22, 30

編著者紹介

根本　孝（ねもと　たかし）
明治大学経営学部教授
明治大学大学院経営学研究科博士後期課程単位取得
国際経営論・人事管理・経営管理論専攻
『ラーニング組織の再生』同文舘，2005年
『カンパニー資本主義』（共著）中央経済社，1992年
『新人類 vs 管理者』中央経済社，1987年

マネジメント基本全集 11　経営管理（マネジメント）
　　　　　　　　　　　　　　　モチベーションとチームマネジメント

2006年2月25日　第一版第一刷発行

編著者	根　本　　　孝
監修者	根　本　　　孝 茂　垣　広　志
発行者	田　中　千　津　子

発行所　株式会社　学文社
〒153-0064　東京都目黒区下目黒3-6-1
電話(3715)1501代・振替00130-9-98842

（落丁・乱丁の場合は本社でお取替します）　　・検印省略
（定価はカバーに表示してあります）　　印刷/新灯印刷株式会社
　　©2006 NEMOTO Takashi　Printed in Japan　　ISBN4-7620-1496-6